Fink • Ballonfahren basics

Angelika und Thomas Fink

BALLON-FAHREN basics

TECHNIK
AUSBILDUNG
AUSRÜSTUNG

pietsch

Einbandgestaltung: Nicole Lechner

Titelbild: Thomas Fink

Bildnachweis:
Angelika Fink: Nr. 11, 12, 15, 17, 18, 20, 22, 29, 30, 34, 41, 42, 43, 45, 46
Thomas Fink: Nr. 5, 6, 8, 23, 24, 37, 38, 40, 49, 50, 53, 56, 57, 59, 60, 63
Günter Oberseider: Nr. 1, 2, 4, 7, 10, 13, 14, 35, 36, 39, 44, 48, 51, 52, 54, 55, 58, 61, 62
Andreas Pflaum: Nr. 9, 26, 27, 28, 31, 32, 33, 64
DFSV: Nr. 3, 16, 19, 21, 25, 47

ISBN 3-613-50347-6

Ein Unternehmen der Paul Pietsch Verlage GmbH + Co
1. Auflage 2000

Lektor: Oliver Schwarz
Innengestaltung: PHG Lithos GmbH, 82152 Martinsried
Druck: Gulde Druck GmbH, 72072 Tübingen
Bindung: E. Riethmüller, 70176 Stuttgart
Printed in Germany

Inhalt

1. Einführung

Fliegen zu können zählt sicher zu den ältesten Sehnsüchten der Menschheit. Viele alte Berichte erzählen von Menschen, die das Fliegen versuchten. Einer der frühesten ist die Sage um Dädalus und Ikarus.
Es liegt auf der Hand, dass der Mensch, bei seinen Versuchen, das Fliegen möglich zu machen, bestrebt war, den Flug der Vögel zu kopieren. Schließlich musste er über Jahrhunderte hinweg ihrem scheinbar mühelosen Flug vom Boden aus sehnsuchtsvoll zusehen. Viele Ideen wurden angedacht und nie ausgeführt oder brachten einfach nicht den gewünschten Erfolg. Bis dann gegen Ende des 18. Jahrhunderts der Ballon erfunden wurde.
Der erste Ballon, der sich – noch unbemannt – in die Lüfte erhob, war der Heißluftballon der Gebrüder Montgolfier. Die Hülle bestand aus Papier, das mit leichtem Leinengewebe verklebt war. Am 5. Juni 1783 startete er in Annonay, Frankreich. Zum Füllen hing die Hülle an einem Gestell über einer Grube, in der die Brüder ein Feuer aus Stroh und Schafwolle schürten. Durch die aufsteigende warme Luft füllte sich die Hülle; schließlich erhob sich der erste Heißluftballon in die Luft.
Am 27. August 1783 startete dann von Paris aus der erste unbemannte Gasballon. Gebaut wurde er von Professor J. A. C. Charles und den Brüdern Robert. Er war aus Taft genäht, der mit aufgelöstem Kautschuk imprägniert wurde. Unten befand sich ein Ventilansatz, der mit einem Hahn verschlossen werden konnte; sein Inhalt betrug etwa 33 Kubikmeter. Gefüllt wurde der Ballon mit Wasserstoff, der hier erstmals in so großer Menge durch Verbrennen von Eisenfeilspäne und Schwefelsäure erzeugt wurde.
Das nächste entscheidende Ereignis sollte ein bemannter Heißluftballon werden. Nach einem gelungenen Versuch mit einem Schaf, einem Hahn und einer Ente als Besatzung, baute Etienne Montgolfier einen Heißluftballon mit einem Inhalt von 2000 Kubikmeter. Unten um den Füllansatz war eine kreisförmige, 1 m breite Galerie gebaut. Sie bestand aus Weidengeflecht, das mit Leinen überzogen war, und zur Aufnahme von Passagieren und zur Lagerung einer gewissen Menge Stroh als Heizmaterial diente. Unter der Füllöffnung

hing an Ketten eine Pfanne aus Eisendraht, in der das Stroh verbrannt werden konnte. Am 21. November 1783 startete diese nun auch bunt bemalte Montgolfière mit Jean-François Pilâtre de Rozier und Marquis d'Arlandes zur ersten wirklichen Ballonfahrt in der Geschichte. Die Fahrt dauerte 25 Minuten.
Unbestreitbar hat mittlerweile eine enorme technische Weiterentwicklung, gerade hinsichtlich des Brennersystems stattgefunden – ein offenes Feuer unter dem Weidenkorb ist mit Sicherheit nicht jedermanns Sache – doch die Grundprinzipien sind bis heute gleich geblieben: die einer Kugel sehr nahekommende, tropfenförmige Ballonhülle als statisch günstigste Form und das »Traggas«, die heiße Luft, die aufgrund ihrer geringeren Dichte leichter als die Umgebungsluft ist.

Die Hülle der meisten Heißluftballone ist wie ein Tropfen geformt – dies ist, statisch gesehen, die günstigste Variante.

1

2.

Der Ballon

Es dürfte mittlerweile wohl niemanden mehr geben, der nicht schon einmal am Boden gestanden und am Himmel gebannt die faszinierend-bunten Hüllen bei ihrem lautlosen Gleiten beobachtet hat. Viele werden auch schon Gelegenheit gehabt haben, das Aufrüsten eines Ballons am Boden zu verfolgen, bevor er in die Lüfte entschwand. Oder sie waren Zeuge, wie nach der Landung das Luftfahrtgerät in seine Teile zerlegt und sorgfältig verpackt wurde. Die in Deutschland gängigen Systeme sollen im Folgenden näher beschrieben werden.

Die Hülle

Was zweifelsfrei den Betrachter, Erwachsene wie Kinder gleichermaßen, am meisten begeistert, sind die in allen erdenklichen Farben schimmernden Hüllen.

Nicht zuletzt wegen der Buntheit der Hüllen stimmen Ballone die meisten Betrachter fröhlich. Auf Schnee oder vor dem blauen Himmel kommen die Farben natürlich besonders gut zur Geltung.

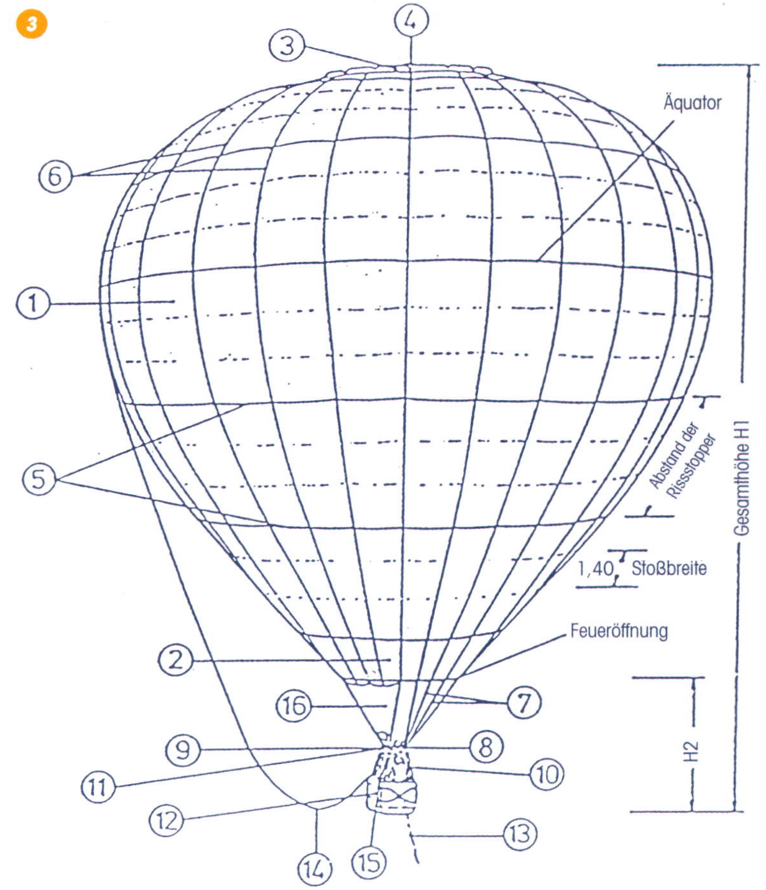

Der Heißluftballon: Gesamtansicht.

1. Hüllenstoff
2. Nomexstoff
3. Parachute
4. Topring
5. Horizontale Rissstopper
6. Vertikale Lastbänder
7. Hüllenseile
8. Seilschloss
9. Zug- und Brennerrahmen
10. Brennerstützen und Korbseile
11. Doppelbrenner
12. Korb
13. Start- und Landeleine
14. Topleine
15. Ventilleine
16. Windtuch

Die normale *Form* einer Heißluftballonhülle sieht wie ein umgedrehter Tropfen aus. Um sie zu erreichen, hat jedoch jeder Hersteller eine eigene Bauform entwickelt. Dabei sind Überlegungen maßgeblich, wie die Belastung für das Material möglichst gering gehalten wird oder eine bestimmte Form erzielt werden kann.
Im Allgemeinen ist die Ballonhülle symmetrisch um die Hochachse aus mehreren *Längsbahnen* (8 bis 30) zusammengesetzt, die wiederum aus einzelnen Feldern bestehen. Je weniger Bahnen eine

Hülle aufweist, um so leichter und preiswerter ist sie in ihrer Herstellung, da entsprechend wenige Teile zusammenzunähen sind. Wenn die Hülle aufgeblasen wird, beulen sich die einzelnen Bahnen nach außen und verleihen der Hülle ein wulstiges Aussehen. Dabei ergibt sich aufgrund der relativ kleinen Radien der einzelnen Bahn eine geringe Zugbelastung für das Material.
Je mehr Bahnen eine Hülle hat, desto glatter wird sie. Aufgebrachte Beschriftungen sind dabei zwar gut und ohne Verzerrung sichtbar, jedoch sind mehr Nähte erforderlich, um die Hülle aus den einzelne Feldern und Bahnen zusammenzunähen. Dies wirkt sich nicht nur negativ auf Gewicht und Herstellungspreis aus, auch die Belastung für das Material wird höher.
Diese Zugkräfte werden durch die horizontal und vertikal verlaufenden *Lastbänder* aufgenommen. Wie Fassringe verlaufen die horizontalen Lastbänder rund um die Hülle. In verschiedenen Höhen sind sie meist auf der Außenseite der horizontalen Nähte aufgenäht. Entsprechend sind die vertikalen Lastbänder auf den Verbindungsnähten der einzelnen Bahnen befestigt. Sie laufen vom oberen Pol, dem Top, wo sie im *Kronring* zusammengefasst sind, bis zum unteren Rand der Hülle. Dort enden sie in Schlaufen, in denen die Tragseile eingehängt sind. Die Lastbänder nehmen die auf die Hülle einwirkenden Gewichtskräfte auf.

Bei diesem Ballon ist der Verlauf der vertikalen und horizontalen Lastbänder besonders gut zu erkennen. Sie heben sich als weiße Linien deutlich vom blauen Hintergrund ab.

■ oben links:
Als wäre er einem Märchenbuch entsprungen, erhebt sich der riesige Drache in die Luft.

■ oben rechts:
Auch ein türkischer Sultan gehört in die riesige Kollektion der Sonderformen (special shapes).

■ Das Motorrad war mit den Maßen 60 x 30 Metern über viele Jahre der größte Ballon der Welt.

Neben dieser normalen Hüllenform gibt es Sonderformen, sogenannte *Special Shapes*, die den verschiedensten Figuren und Gegenständen nachgestaltet sind. Der Fantasie sind dabei kaum Grenzen gesetzt. So bevölkert neben einer Hexe ein riesiger pinkfarbener Drache die Luft.
Um diese Formen zu erreichen, sind im Inneren einer solchen Hülle die verschiedensten Verspannungen oder Abnäher erforderlich. Dies lässt die Belastung des Materials um ein Vielfaches steigen und verkürzt damit auch beachtlich die Lebensdauer einer solchen Hülle.
Mit Ausnahme dieser Specal Shapes werden die normalen Hüllen in verschiedene Größen eingeteilt.
Da die *Größe der Ballonhülle* ihre Tragfähigkeit bestimmt, kann der Ballon um so mehr Personen oder Ausrüstung tragen, je größer die Hülle und damit das von ihr umschlossene Volumen der heißen Luft ist. Die Größen reichen von AX 1 (bis 250 m^3) bis AX 15 (22.000 m^3 und darüber). Die gängigsten Größen, die von Wettbewerbs- und Hobbypiloten gefahren werden, sind AX 7 (1600 m^3 bis 2200 m^3, 2–3 Personen) und AX 8 (2200 m^3 bis 3000 m^3, 4 Personen). Größere Ballone werden von Luftfahrtunternehmen betrieben, die so bei einer Fahrt gleich eine größere Passagierzahl befördern und damit ihr Unternehmen rentabel gestalten können.
Die Größe des Ballons bedingt natürlich auch die Menge des benötigten Stoffs. Für gängige Ballongrößen werden ca. 1000 m^2 Stoff zusammengenäht, leicht die vierfache Menge ist für die Sonderformen zu verarbeiten.
Um den besonderen Anforderungen an eine Ballonhülle, wie z. B. Hitzebeständigkeit, gerecht zu werden, wird eine besondere Stoff-

Das Innenleben des Drachen.

art verwendet. Diese ist ein hitzebeständiges Gewebe aus Nylon oder Perlon, in das eine Polyurethanbeschichtung eingewalzt ist. Diese Beschichtung wirkt flammenhemmend, dichtet das Gewebe noch zusätzlich ab und schützt es auch gegen die Einwirkung der UV-Strahlen.

Um zu verhindern, dass der Stoff bei einer Beschädigung immer weiter aufreißen kann, wechseln sich im Gewebe enge und weite Maschenabstände ab. Dieses sogenannte *Rip-Stopp-Gewebe* zeichnet sich durch hohe Weiterreißfestigkeit aus.

Das Gewicht des Stoffes liegt zwischen 45 und 60g/m². Je nach Beschichtung und Verarbeitung sind Stofftemperaturen zwischen 110°C und 140°C möglich. Was hierbei für die einzelne Hülle gilt, erfährt der Pilot aus dem sogenannten *Betriebshandbuch*, das jeder Ballonhersteller zu jedem Ballontyp mitliefert und das wichtige Informationen zu Material und Handhabung des Ballons und seiner einzelnen Bauteile enthält.

Für besonders belastete Hüllenbereiche, wie z. B. das Top, steht ein als Hyperlast bezeichneter Stoff zur Verfügung. Er hat die 2- bis 3-fache Reißfestigkeit des normalen Gewebes bei gleicher Luftdurchlässigkeit, aber höherer Temperaturbelastung. Allerdings ist er mit 70g/m² schwerer als das Rip-Stopp-Gewebe. Da er unter bestimmten Vorraussetzungen brennen kann, sollte er unterhalb des Äquators der Hülle nicht verwendet werden. Der untere Rand der Hülle, der sich im unmittelbaren Bereich der Brennerflamme befindet, wird deshalb aus feuerfestem *Nomex* hergestellt. Nomex ist ein Gewebe aus nicht brennbaren Kohlefasern, in die zum Einfärben etwa 20 % Baumwollfasern eingearbeitet sind. Aus Sicherheitsgründen ist der Nomexrand der Hülle ca.1 bis 2 m hoch.

Aus diesen Stoffen wird nun die jeweilige Hülle nach einem per Computer hergestellten Schnittmuster zugeschnitten. Die einzelnen Felder werden dann untereinander zugfest und luftdicht mit ei-

Die doppelte Kappnaht.

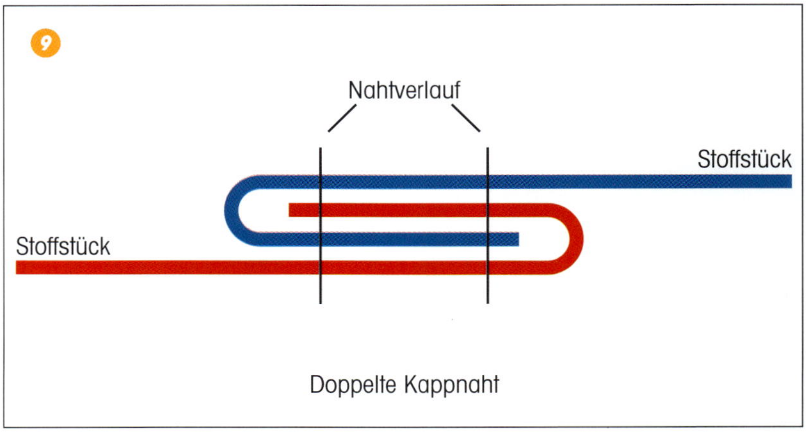

ner doppelten Kappnaht vernäht. Die beiden in 1 cm Abstand verlaufenden Nähte werden in einem Arbeitsgang genäht. Bei Bedarf werden auch gleichzeitig die Lastbänder mitverarbeitet. Damit diese Nähte auch unter Hitzeeinwirkung immer sicher halten, wird ein hitzebeständiger Nylonfaden benutzt.
Beim Nähen der Hülle werden gleichzeitig die erforderlichen Entleerungssysteme mit eingebaut.
Nach der Landung muß die Hülle entleert werden, damit sie dem Wind keine weitere Angriffsfläche mehr bietet. Da heiße Luft nach oben entweicht, erfolgt die Entleerung sinnvollerweise am Top der Hülle.
Bei älteren Modellen oder größeren Ballonen befindet sich dort eine sogenannte *Reißbahn*. Sie verläuft horizontal zwischen dem Äquator und dem Top der Hülle als wiederverschließbare Trennstelle. Sie misst etwa 3/4 des Ballonumfangs. Wird sie betätigt, wird der obere Teil der Hülle nach innen gezogen, so dass die heiße Luft entweichen kann. Die in diesem Bereich verlaufenden vertikalen Lastbänder sind nicht mit dem Ballonstoff vernäht und ermöglichen so das Öffnen. Während der Fahrt ist die Reißbahn mit einem 5 cm breiten Klettband verschlossen. Zusätzlich wird die Reißbahn noch durch ein Verriegelungssystem im Bereich der Vertikallastbänder gesichert. Will man die Reißbahn betätigen, wird die rote Reißleine gezogen, die an der Innenseite der Hülle nach unten geführt wird und für den Piloten gut erreichbar bis in den Korb hinein reicht. Sie besteht aus einem Perlongewebe, das im Bereich der Brennerflamme einen Draht- oder Kevlarkern hat. Der Zug an der Leine entsichert zunächst dieVerriegelung und öffnet erst dann die Reißbahn. Doch dann entleert sich der Ballon innerhalb weniger Sekunden, was nur ein Öffnen bei der Landung erlaubt. Um während der Fahrt zur Höhenkorrektur etwas heiße Luft ablassen zu können, haben diese Ballone zusätzlich auf Höhe des Äquators ein Seitenventil eingebaut, das über eine weiße Perlonleine betätigt werden kann.
Diese Ventile können waagerecht oder senkrecht eingebaut sein. Beim waagerechten *Seitenventil* sind ein oder zwei Felder der Hülle nicht mit Stoff ausgefüllt, sondern werden durch senkrecht eingenähte Bänder in Form gehalten. Auf der Innenseite des Lochs ist am oberen Rand ein Stück Stoff angenäht, das etwas größer als die Öffnung ist. Von Gummibändern wird es nach unten gespannt und durch den Innendruck der gefüllten Hülle vor die Öffnung gedrückt. Zieht man an der Ventilleine, wird der Stoff wie eine Jalousie hochgezogen und Luft kann entweichen. Lässt man die Leine wieder los, schließen die Gummibänder die Ventilöffnung automatisch.
Beim senkrechten Seitenventil werden zwei Bahnen auf einer bestimmten Länge nicht zusammengenäht. Auf einer Seite wird innen

links:
Die in das Top der Hülle eingearbeitete Öffnung des Parachute.

rechts:
Hier der Blick auf den Parachute selbst.

ein Stoffteil angenäht, das durch den Innendruck vor dem Spalt gehalten wird. Zieht man an der Ventilleine, werden die Bahnen seitlich auseinandergezogen und geben die Öffnung frei. Beim Loslassen werden die Bahnen durch den Druck und das Gewicht des Ballons wieder langgezogen und schließen so das Ventil.

Die modernen Ballone sind im Top mit einem *Parachute* (oder Fallschirmreißbahn) ausgestattet. Als Weiterentwicklung der Reißbahn besteht er aus einem kreisförmigen Ausschnitt im Top der Hülle und einem etwas größerem Stoffstück in Form eines Fallschirms (Parachute) auf der Innenseite. Mittels Zentrierleinen aus Kevlar wird der Parachute vor dem Ausschnitt gehalten und durch den Innendruck luftdicht angepresst. An den Befestigungspunkten der Zentrierleinen an der Hülle sind die ebenfalls aus Kevlar bestehenden Betätigungsleinen befestigt. Einige Meter unterhalb des Parachutes sind diese an einer Umlenkrolle befestigt, durch die die rote Para-

Über eine Umlenkrolle ist die rote Parachuteleine mit den Zentrierleinen des Parachute verbunden und ermöglicht so das Öffnen.

Der Parachute – hier als sogenannter Smartvent.

chuteleine läuft. Zieht man an dieser Leine, so wird der Parachute an seinem Rand gleichmäßig nach unten gezogen und gibt einen Ringspalt am Top frei, durch den die heiße Luft entweichen kann. Beim Loslassen der Leine schließt sich die Öffnung wieder. Zur Landung wird der Parachute so weit wie möglich nach innen gezogen, damit die heiße Luft durch die ganze Öffnung entweichen kann. Der Parachute vereinigt so die Wirkungsweise des Seitenventils mit der Funktion der Reißbahn.

Bei sehr großen Ballonen wird mittlerweile eine Kombination aus Parachute und Reißbahn eingebaut, um bei der Landung ein möglichst schnelles Entleeren der riesigen Hüllen zu ermöglichen. Eine Neuerung in diesem Bereich ist das sogenannte *Smartvent*. Es ist aufgebaut wie ein normaler Parachute. Jedoch ist dieser zusätzlich in der Stoffmitte mit einer Sicherung am Kronring befestigt. Neben der oben beschriebenen Wirkungsweise ermöglicht es eine zusätzliche Leine, den Parachute wie einen Regenschirm auf- und wieder zuzuziehen.

Zu erwähnen sind noch die sogenannten *Fenster*, die in den Parachute eingebaut werden können. Sie bestehen aus hitzebeständigem, durchsichtigem Kunststoff und ermöglichen es dem Pilot, festzustellen, ob sich ein anderer Ballon über ihm befindet.

An manchen Ballonhüllen, speziell solchen mit Werbeaufschrift und an großen Ballonen, sind sogenannte *Drehventile*, Rotation Vents, angebracht. Diese sind auf Höhe des Äquators an gegenüberliegenden Stellen paarweise in die Hülle eingebaut. In ihrem Aufbau und ihrer Funktionsweise entsprechen sie den oben beschriebenen senkrechten Seitenventilen. Zum Öffnen ist jeweils eine Leine (grün und schwarz) an den Drehventilen angebracht. Werden die Venti-

14

Tragseile verbinden Korb und Hülle.

le geöffnet, so beginnt sich die Hülle während der Fahrt gleichmäßig um die eigene Längsachse zu drehen.

Der Verbindung der Hülle mit dem Korb dienen die *Tragseile*.

Die Lastbänder der Hülle enden am unteren Hüllenrand in Schlaufen, die in die Kauschen der Tragseile eingehängt sind. Diese Seile sind aus Nirostastahl oder Kevlar gefertigt und tragen das Gewicht des Korbes.

Um beim Aufrüsten zu verhindern, daß die Brennerflamme durch den Seitenwind so abgelenkt wird, daß ein Teil der Wärme an der unteren Hüllenöffnung vorbei in die Luft geblasen oder die Flamme gar an die Hülle gedrückt wird, kann eine *Schürze* angebracht werden. Sie reicht von der Hülle bis zum Brenner und besteht aus Nomex. Diese Schürzen werden als Scoop (Halbschürze) oder als Rundschürze gefertigt.

Die Rundschürze umschließt die ganze Ballonöffnung und schützt

die Flamme von allen Seiten. Das am unteren Rand eingenähte Federstahlband hält die Schürze offen. Das Scoop ist beim Aufrüsten des Ballons auf der Leeseite (windabgewandte Seite) angebracht und kanalisiert so den Seiten- oder Rückenwind und die Flamme in die Hülle hinein. Dadurch erhöht sich der Innendruck, der Ballon steht damit stabiler im Wind.
Zur Kontrolle der Temperatur, die in der Hülle während des Betriebs herrscht, ist eine *Temperaturanzeige* verpflichtend vorgeschrieben. Dazu wird im Top ein Messfühler angebracht, dessen Signal durch ein Kabel oder per Funk auf ein Anzeigeninstrument im Korb übertragen wird. Um bei Ausfall des Thermometers vor Überhitzung der Hülle zu warnen, ist eine *Schmelzlotsicherung* eingebaut. Sie besteht aus zwei Messingplatten, die mit einem speziellen Lot aufeinandergelötet sind. Die eine Platte ist im Top befestigt, an der anderen hängt eine *Fahne* aus Ballonstoff. Die Schmelztemperatur entspricht der maximal erlaubten Hüllentemperatur. Wird diese erreicht, schmilzt das Lot und die Fahne fällt herunter. Zur Kontrolle der maximal in der Hülle erreichten Temperatur ist ein Messstreifen eingenäht, dessen temperaturempfindliche Kristalle sich dauerhaft in bestimmten Temperaturskalen verfärben. Daran läßt sich im Nachhinein auch feststellen, ob die Hülle schon einmal überheizt worden ist.
Um die Hülle beim Füllvorgang kontrolliert hochlassen zu können, wird der Ballon über die *Topleine* gehalten. Sie ist am Kronring befestigt und heißt deshalb auch *Kronenleine*. Während der Fahrt hängt sie an der Hülle herunter und ist mit ihrem Ende am Korb befestigt. Nach der Landung wird mit ihrer Hilfe die Ballonhülle zu Boden gezogen.

Am Kronring sind neben der Topleine auch die vertikalen Lastbänder befestigt.

Der Korb

Der Ballonkorb dient als Passagierraum und soll den Mitfahrern und dem Piloten möglichst viel Schutz bieten. Bei einer unsanften Landung darf niemand durch hervorstehende Teile verletzt oder wegen einer zu niedrigen Brüstungshöhe aus dem Korb geschleudert werden. Der Korb muss also sehr stabil sein und gleichzeitig hohe Elastizität aufweisen.

Die Korbeinheit.

16

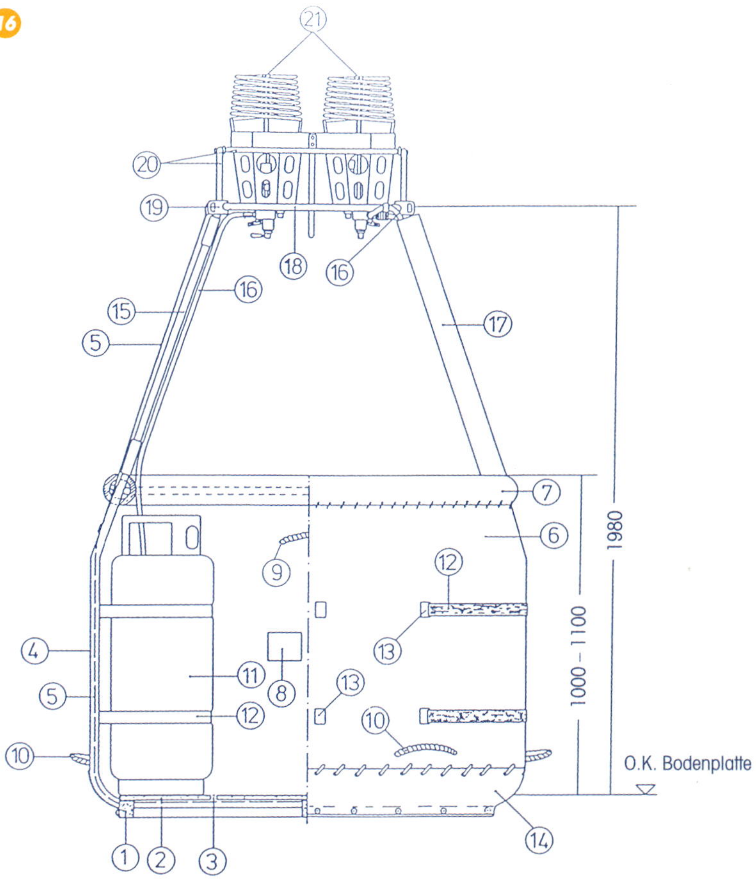

1. Korbrahmen
2. Bodenplatte
3. höhenverstellbarer Brennerträger
4. Rohr für Korbseil
5. Korbseil
6. Korbgeflecht
7. gepolsterte, lederüberzogene Brüstung
8. Einstieghilfe
9. Haltegriff
10. Tragestrick
11. Gasflasche
12. Flaschengurte
13. Flaschengurtdurchführung
14. Schleifschutz
15. Brennerstütze
16. Gasschlauch
17. Stützenschoner
18. Zugrahmen
19. Seilschloss
20. Brennerrahmen
21. Doppelbrenner

Der aufgebaute Ballonkorb.

Der Korb besteht aus *Weide* und *Peddigrohr*, das um einen Metallrohr-Rahmen geflochten ist. Dieser Rahmen gibt den vier Brennerrahmen-Abstützstangen Halt und dem Korb die notwendige Grundfestigkeit. Ins Korbgeflecht sind neben diesen Rohren rostfreie Stahlseile eingearbeitet, die von einer Seitenwand, unter dem Korbboden hindurch, zur gegenüberliegenden geführt werden. Ihre Enden sind zu Schlaufen ausgebildet, an denen der Korb später aufgehängt wird.

In die Korbwände sind Öffnungen eingearbeitet, durch die Riemen laufen, mit denen die Gasflaschen befestigt werden. An der Außenseite des Korbes sind Seilschlaufen zum Tragen befestigt. An der Innenseite der Korbwände befinden sich ebenfalls Seilschlaufen, an denen sich die Korbinsassen festhalten können. Der Korbrand ist mit Schaumstoff gepolstert und mit Leder verkleidet.

An einer Korbseite ist ein Trittloch angebracht, um das Ein- und Aus-

steigen zu erleichtern. Der Korbboden ist innen und außen durch Holzleisten verstärkt, die bei den meisten Ballonen durch eine feste Bodenplatte miteinander verschraubt sind.
Zur Sicherheit und natürlich auch aus optischen Gründen sind die Brennerstützen und die Gasschläuche, die den Brenner mit den Gasflaschen verbinden, mit gepolsterten Manschetten geschützt. Passend zu der jeweiligen Hüllengröße gibt es unterschiedlich große Körbe, in denen eine festgelegte Personenzahl Platz findet.
Eine Besonderheit findet sich hier beim sogenannten *Sky-Hopper*. Das sind besonders kleine Ballone, die maximal von zwei Piloten gefahren werden können. Hier ist der sonst übliche Korb durch eine Art Stuhl ersetzt, in dem der Pilot während der Fahrt sitzt. An der Rückenlehne oder unter dem Sitz werden ein oder zwei Gasflaschen befestigt.

Der Brenner

Zur Erwärmung der Luft in der Ballonhülle dient ein sogenannter *atmosphärischer Brenner*. Er steht in verschiedenen Varianten, d. h. mit einer unterschiedlichen Anzahl an Einzelsystemen zur Verfügung, die jeweils unabhängig voneinander mit Gas versorgt werden und damit absolut redundante Systeme bieten. Das gebräuchlichste System ist der *Doppelbrenner* (siehe Skizze). Er ist allseitig schwenkbar in einem Rahmen aufgehängt, an dessen Ecken die Tragseile und die Korbseile befestigt werden. Zur Abstützung werden hier die Abstützstangen in den Rahmen eingesteckt.
Der moderne Brenner bietet heute eine gut abgestimmte Leistung für den Fahrbetrieb mit genügend Reserve für Hindernisüberwin-

Der Brenner mit Rahmen und Abstützstangen.

Vorname

Nachname

Straße

PLZ, Ort

Beruf

Geburtsdatum

Bitte schicken Sie mir **gratis** Ihren Prospekt mit allen lieferbaren Titeln zum Thema:

- ☐ Auto
- ☐ Motorrad
- ☐ Eisenbahn
- ☐ Luftfahrt
- ☐ Waffen
- ☐ Zeitgeschichte
- ☐ Maritim
- ☐ Reisen/Survival/Sport
- ☐ Fahrrad
- ☐ Pferde
- ☐ Hunde/Katzen
- ☐ Essen/Trinken
- ☐ Angeln/Tauchen

Bitte ausreichend frankieren

Antwortkarte

Paul Pietsch Verlage
Abteilung Kunden-Service
Postfach 10 37 43

70032 Stuttgart

19

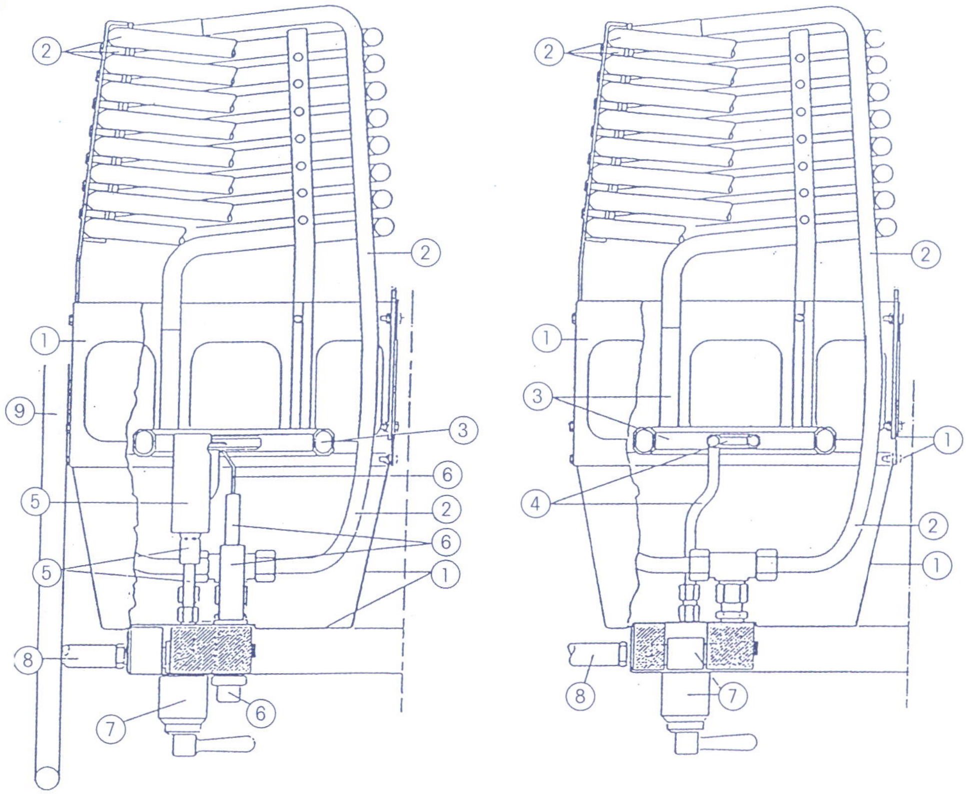

1. Gehäuseeinheit
2. Spiraleneinheit
3. Düsenkranz
4. Silenteinheit
5. Piloteinheit
6. Zündeinheit
7. Brennerventil
8. Flüssiggasphaseschlauch
9. Bedienungsbügel

Brenner FB 5: Seitenansicht.

dung im Notfall, eine hohe Betriebssicherheit durch bewährte und erprobte Komponenten, eine möglichst geringe Geräuschentwicklung und die absolute Unabhängigkeit der Systeme voneinander.

Der Brenner besteht aus mehreren *Verdampferspiralen* aus nichtrostendem Stahl. Aus *Düsen*, die ringförmig unterhalb der Spiralen angeordnet sind, strömt das flüssige Propangas aus und wird durch die während der Fahrt ständig brennende *Pilotflamme* gezündet. Hierfür wird Flüssiggas aus der Gasflasche an der tiefsten Stelle entnommen und bei Öffnen des *Brenner-* oder *Fahrtventils* in das Brennersystem geleitet. Ein *Manometer* zeigt den Druck des Propangases an. Armierte Hochdruckschläuche leiten das Gas von der Fla-

■ **Das Bedienmanual des Brenners mit Druckanzeige, den Fahrventilen und dem Cross-Flow-Hebel.**

20

sche zum Brenner. Die Pilotflamme wird entweder durch einen separaten Schlauch oder zusammen mit den Düsen und Verdampferspiralen durch einen Schlauch gespeist.
Durch Drücken des am Brennerboden angebrachten *Zündknopfes* wird die Pilotflamme über eine Piezozündung in Gang gesetzt. Um ein unbeabsichtigtes Zünden zu vermeiden, ist über dem Zündknopf ein *Sicherungshebel* angebracht. Wird dieser geschlossen, wird automatisch die Gaszufuhr der Pilotflamme unterbrochen.

Der Gastank

Das zum Betreiben des Brenners erforderliche Flüssiggas wird an Bord in *Druckbehältern* mitgeführt (siehe Skizze). Diese Flaschen sind aus Aluminium oder Edelstahl gefertigt, mit einem wasserabweisenden Stoffpolster verkleidet und ihr oberer Rand ist mit Schaumstoff gepolstert, um Verletzungen bei der Landung zu vermeiden.
Alle Zylinder sind mit einem *Sicherheits-Überdruckventil* versehen, das bei 25 bzw. 26 bar Innendruck Gas abbläst. So wird verhindert, dass stark erhitztes Gas im Sommer ungewollt die Gasflasche sprengt. Weiter gehört zur Gasflasche ein *Peilventil* mit fest eingestelltem *Peilrohr* zur Feststellung der Füllstandsgrenze von 80 % des Flaschenvolumens und eine Anzeige (*Füllstandsmanometer*), das die verbliebene Flüssiggasmenge anzeigt.
Flüssiges Propan wird durch ein *Tauchrohr* entnommen, das bis zum Boden der Flasche reicht.
Gasförmiges Propan wird im oberen Teil der Flasche durch ein *Gasventil* entnommen, das an einen Druckregler angeschlossen ist.

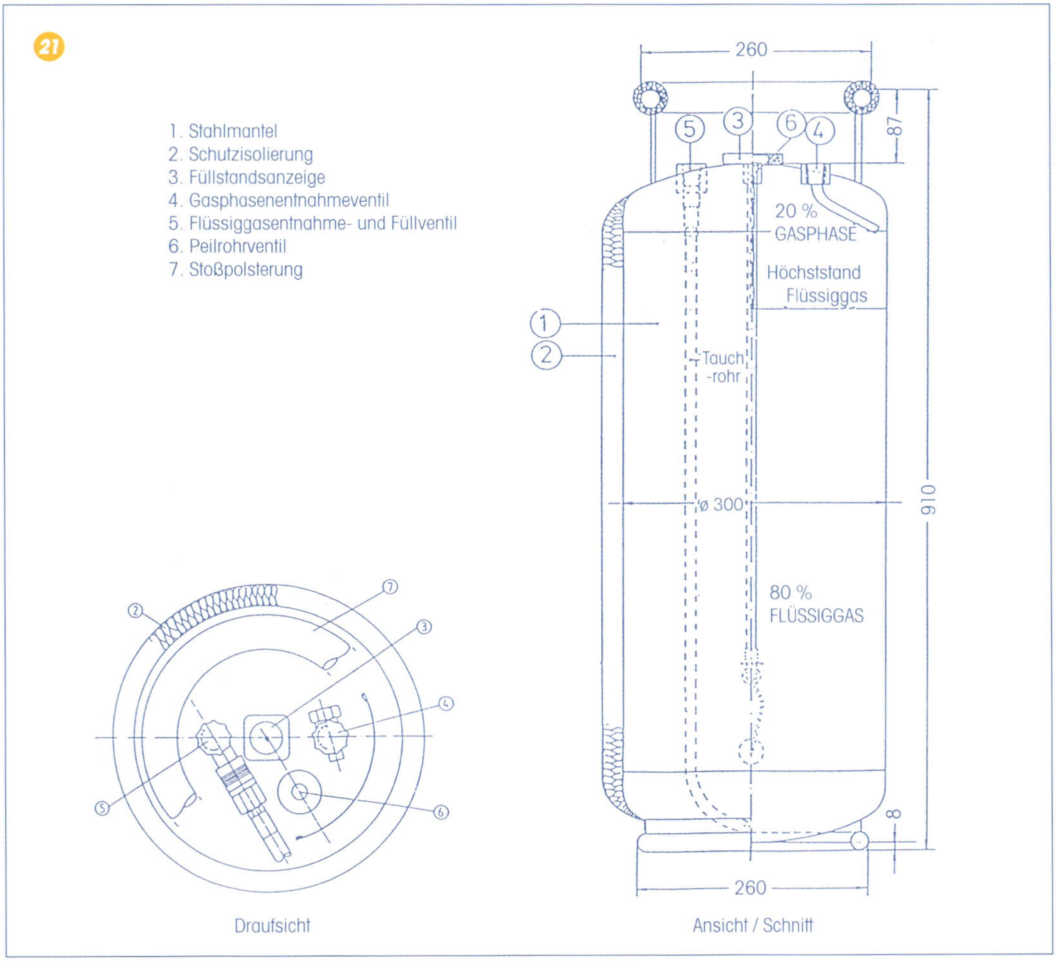

Edelstahlflasche VA 50, fire balloons.

Eine Gasflasche mit den Schlauchanschlüssen, den Ventilen und der Druckanzeige.

Flüssiges und gasförmiges Propan werden dem Brenner durch drahtverstärkte Gummischläuche (*Brennerschläuche*) zugeführt, die am Brenner durch Gewinde befestigt sind. Mit den *Schlauchkupplungen* an den Gasflaschen werden die Brennerschläuche entweder durch Aufstecken (der sogenannte *Tema-Anschluss*) oder durch Aufschrauben (*Rego-Anschluss*) verbunden.

Das Zubehör

Die genannten Ballonbauteile werden durch verschiedene Bordinstrumente vervollständigt, die im Flughandbuch vorgeschrieben sind, nämlich Höhenmesser, Variometer und Thermometer.
Der *Höhenmesser* (Altimeter) misst die Höhe barometrisch in Fuß oder Meter. Das druckmessende Element ist dabei eine luftleere Metallkapsel (Aneroid). Das Ausdehnen und Zusammenziehen der Kapsel wird durch Hebel und Zahnräder in eine Drehbewegung des Zeigers umgewandelt. Der barometrische Ausgleich erfolgt durch einen Einstellknopf, durch den das Gerät mit Hilfe einer Skala in Millibar oder Zoll auf den aktuellen Luftdruck eingestellt werden kann. Natürlich gibt es mittlerweile auch elektronische Höhenmesser.
Das *Variometer*, die vertikale Geschwindigkeitsanzeige, misst das Steigen und Fallen des Ballons. Es gibt verschiedene Bauarten: das Dosenvariometer, das Stauscheibenvariometer und das elektrische Variometer. Alle Bauarten nutzen die von der jeweiligen Fahrthöhe abhängige Änderung des Luftdrucks aus. Bei den beiden Erstgenannten führt die mit der Höhenänderung eintretende Druckänderung zu einem Luftstrom zwischen einem Ausgleichsgefäß konstanten Volumens und einer damit verbundenen Messdose. Beim elektrischen Variometer wird der Luftstrom beim Höhenwechsel elektrisch gemessen und an einen Zeiger weitergegeben.

Das Kombi-Instrument Fly-Tec mit Höhenmesser, Variometer und Temperaturanzeige.

Das Quick-Release (rote Hebel) wird am Brennerrahmen befestigt.

Das *Hüllenthermometer* misst die Temperatur innerhalb der Hülle bzw. der Hülle selbst sowie die Umgebungstemperatur. Der Umgebungstemperaturmesser befindet sich normalerweise im Instrument, das Hüllenthermometer am Ende eines hitzefesten Kabels, das in das Hüllentop führt. Die Temperaturanzeige erfolgt in Grad Celsius.

Zur gesetzlich vorgeschriebenen Ausrüstung gehört auch ein *Funkgerät*, das im UKW-Bereich sendet. Selbstverständlich sind die Geräte vor Fahrtantritt immer auf ihre Funktionsfähigkeit zu überprüfen. Dabei ist besonders darauf zu achten, daß der Akku für eine geplante Fahrt ausreichend geladen ist.

Weiter befindet sich im Korb ein *Feuerlöscher*, mit dem man ein mögliches Propanfeuer löschen kann. Hierfür kann auch eine Löschdecke verwendet werden.

Für den Fall, dass die Pilotflamme ausfällt, ist es vorgeschrieben, einen *Gasanzünder* oder *Streichhölzer* zum Wiederanzünden mitzunehmen.

Eine im Korb befindliche *Wurfleine* ermöglicht es dem Piloten, sich bei ungeeignetem Gelände von der Begleitmannschaft zur Landung auf geeigneteres Gelände hinüberziehen zu lassen.

Um den Ballon bei starkem Wind beim Start zu sichern, sollte ein sogenanntes *Quick-Release* (Schnelltrennkupplung) verwendet werden. Es wird meist am Brennerrahmen eingehängt. Durch die Trennvorrichtung selbst wird ein starkes Seil geführt und mit einem Splint gesichert. Das Seilende wird sinnvoll am Verfolgerfahrzeug befestigt. Auf keinen Fall sollte das Seil am Anhänger befestigt werden, da es auch dem kleinsten Ballon ein Leichtes ist, den Hänger mit nach oben zu reißen und damit Mensch und Material zu be-

schädigen. Hat der Ballon zum Start genügend Auftrieb, wird der Splint gelöst und die Trennvorrichtung mittels eines Seilstücks aufgezogen. Das starke Halteseil wird frei und der Ballon kann sicher starten. Zur Sicherheit muss die Startfessel beim Öffnen gehalten werden, um ein Zurückspringen Richtung Korb zu verhindern.
Zur Ausrüstung gehört auch ein Ventilator, mit dem die kalte Luft in die Hülle geblasen wird.
Schließlich sind für den Transport des gesamten Ballons und aller notwendigen Ausrüstungsgegenstände ein – heute meist geschlossener – Anhänger und ein entsprechend motorisiertes Fahrzeug erforderlich.

Das Propan

Um verantwortungsvoll mit dem Heißluftballon umgehen zu können, muss der Pilot auch einige grundlegende Dinge über das Propangas, den "Treibstoff" seines Luftfahrtgerätes, wissen.
Als *Traggas* des Heißluftballons dient Luft, die auf eine höhere Temperatur als die Umgebungsluft erwärmt wird. Dazu wird das Propan, eine Kohlenwasserstoffverbindung, verwendet, ein aufgrund seiner physikalischen Eigenschaften besonders geeignetes *Brenngas*.
Gewonnen wird Propan einerseits aus dem sogenannten Erdölgas, dem bei der Erdölförderung anfallenden Kohlenwasserstoffgas, und zum anderen bei der Raffination von Rohöl.
Propan wird als Flüssiggas bezeichnet, weil es auch in flüssigem Zustand Verwendung findet. Unter Normaltemperatur verflüssigt es sich bei relativ niedrigem Druck und geht bei Druckentlastung wieder in Gasform über. Gespeichert und transportiert wird es in flüssigem Zustand unter relativ geringem Druck, der die Speicherung großer Gasmengen in verhältnismäßig dünnwandigen und dadurch leichten Druckbehältern gestattet. Bei der Entnahme verdampft es, sobald es nicht mehr dem Innendruck des Behälters unterliegt, oder es wird durch Wärmezufuhr verdampft.
Der Druck im Behälter ist unabhängig von der Füllmenge, er wird nur von der Temperatur bestimmt. Von entscheidender Bedeutung ist also das *Temperaturverhalten von Propan.*
1 Kilogramm flüssiges Propan entspricht ca. 500 m^3 gasförmigem Propan und nimmt den Raum von 2 Litern ein. Im Behälter muss der oberhalb des Flüssiggas-Spiegels befindliche Gasraum (siehe Skizze zu Gastank) bei vorschriftsmäßiger Füllung mindestens 20 % des Tankinhalts betragen. Mit steigender Temperatur vergrößert sich das Volumen des flüssigen Propans stark und der Gasraum oberhalb des Flüssiggas-Spiegels wird entsprechend kleiner. Bei 64 °C ist ein zuvor vorschriftsmäßig gefüllter Behälter ganz mit Flüssiggas gefüllt.

Bei 0° C beträgt der Druck im Behälter rund 5 bar. Mit steigender Temperatur steigt auch der Druck. Solange noch Gasraum vorhanden ist steigt er um ca. 0,3 bar je 1° C Temperaturzunahme. Hat sich das Flüssiggas soweit ausgedehnt, dass der Gasraum voll ausgefüllt ist, dann nimmt bei weiterer Temperatursteigerung der Druck schlagartig um 7–8 bar je 1° C Temperaturerhöhung zu. Das Sicherheitsventil an der Gasflasche spricht an und läßt zur Druckentlastung Gas aus der Flasche strömen. Reicht diese Entlastung nicht, besteht sogar die Gefahr, dass die Flasche platzt.

Deshalb ist vorgeschrieben, dass jeder Flüssiggasbehälter einen in seiner Mindesthöhe genau begrenzten Gasraum enthalten muss, der bei thermischer, also wärmebedingter Ausdehnung ein Platzen des Behälters verhindern soll. Diese maximale Flüssiggashöhe wird bei den Gasflaschen durch ein Peilventil sichergestellt. Beim Füllen des Zylinders ist dieses geöffnet. Die maximale Füllhöhe mit Flüssiggas ist erreicht, wenn aus dem Peilventil flüssiges Gas ausströmt. Der Füllvorgang ist dann sofort zu beenden.

Mit dem Verbrauch an Flüssiggas durch Betätigen des Brenners geht eine ständige Verdampfung von flüssigem Propan einher, die dem Flüssiggas Wärme entzieht. Auf diese Weise kühlt sich der Tankinhalt ab und verhindert so eine übermäßig hohe Temperaturzunahme des Propans.

Wichtig für das Heißluftballonfahren ist auch der *Heizwert des Propans*. Das ist die Wärmemenge, die bei vollständiger Verbrennung einer bestimmten Menge Gas frei wird. Der Heizwert von 46,4 MJ/kg (1MJ = 1 Million Joule) ist im Vergleich zu anderen verwendbaren Flüssiggasen, wie beispielsweise Butan, sehr hoch. Propan bietet also eine große Wärmemenge bei kleinem Volumen.

Der hohe Heizwert und die Möglichkeit der Verflüssigung unter geringem Druck machen Propan als Brenngas besonders geeignet. Diese Eigenschaften ziehen jedoch auch verschiedene unbedingt zu beachtende *Sicherheitsmaßnahmen* nach sich:

a) Bei Verbrennungen der Haut führt der hohe Heizwert von Propan meist zu Verbrennungen 3. Grades. Deshalb ist beim Aufrüsten größte Vorsicht geboten! Kommt flüssiges Propan direkt auf die Haut, kommt es wegen der spontanen Verdampfung zu einem starken Wärmeentzug mit Kälteverbrennungen. *Beim Umgang mit Flüssiggas sind deshalb immer Handschuhe zu tragen und die Körperoberfläche zu bedecken.* Diese Vorsichtsmaßnahme sollte unbedingt auch während der Fahrt beachtet werden.
b) Unverbrannt ausströmendes Flüssiggas ist in Verbindung mit Luft ein explosives Gemisch. Eine Flüssiggasexplosion ist durch

die gemeinsame Wirkung von Druck und Hitze verheerend. Die weitgehende Geruchlosigkeit erhöht die Gefahr, dass Propan unbemerkt ausströmt. Deshalb muss unbedingt sorgfältig mit allen Ventilen umgegangen werden. Hinzu kommt das hohe Raumgewicht von Propan. Strömt Flüssiggas ungehindert aus, verteilt es sich ähnlich wie Wasser auf dem Boden und fließt an die tiefsten Stellen. Weil es sich in Ruhe nur langsam mit Luft verbindet, bildet es dort für lange Zeit einen regelrechten Propansee. Ein kleiner Funke kann hier eine Explosion und Feuer auslösen. *Es gilt absolutes Feuer- und Rauchverbot.*

c) Beim Füllen sind, wie bereits beschrieben, unbedingt die vorgeschriebenen Gewichts- und Volumengrenzen einzuhalten. Eine Besonderheit stellt in diesem Zusammenhang die künstliche Erhöhung des Flaschendrucks dar. Ausschließlich der Gasdruck an den Brennerdüsen ist für die Brennerleistung ausschlaggebend. Entscheidend dafür ist der Druck in den Gaszylindern, der wiederum von der Temperatur des Propans abhängig ist. An kalten Tagen oder für Fahrten in großer Höhe (siehe Kapitel 7) kann es deshalb erforderlich sein, den Druck künstlich zu erhöhen. Hier hat der Pilot zwei Möglichkeiten: 1. Das Propan wird entweder durch Lagerung in einem beheizten Raum oder auf künstlichem Wege (z. B. durch spezielle elektrische Heizdecken) angewärmt. *Dabei ist unbedingt sicherzustellen, daß die vom maximal zulässigen Gasdruck abhängige Grenztemperatur nicht überschritten wird, keine örtliche Überhitzung entsteht und der Vorgang überwacht wird.* 2. Die zweite Möglichkeit ist, ein geeignetes Treibgas zusätzlich in die Gasflasche zu drücken. Besonders geeignet ist hier Stickstoff. Dabei sollte ein Flaschendruck von 10 bar nicht überschritten werden. *Wichtig ist, dass eine Druckerhöhung grundsätzlich nur zum Zweck der besseren Entleerung und damit eines sicheren Brennerbetriebs erfolgen darf und deshalb nur unmittelbar vor dem Start vorgenommen werden sollte. Nach der Landung ist der Druck unbedingt wieder auf das Normalmaß zu reduzieren!*

Wartung und Instandhaltung

Das Baukastensystem und insbesondere die Verwendung von Propan als Treibstoff erfordern eine entsprechende Wartung und In-

standhaltung. Diese spielen eine entscheidende Rolle für die Sicherheit des Ballons. Dabei darf diese Arbeiten teilweise der Pilot bzw. Halter durchführen. Bestimmte Wartungs- und Instandhaltungsarbeiten müssen jedoch vom Hersteller oder in einem luftfahrttechnischen Betrieb ausgeführt werden.
Auf den Brenner und seine Schläuche muss der Pilot vor jeder Fahrt sein besonderes Augenmerk richten. Grundsätzlich ist der *Brenner* auf sichtbare Schäden, wie Risse, schadhafte Schweißstellen oder Verbiegungen hin zu überprüfen. Wird ein solcher Schaden festgestellt, muss er zum Hersteller zur Reparatur geschickt werden. Jeder Pilot kann jedoch selbst dafür sorgen, daß die Ventile des Brenners dicht und leichtgängig bleiben, indem er sie in regelmäßigen Abständen mit Silikon sparsam einfettet.
Ebenso sind die *Schläuche* auf sichtbare Schäden, wie Knicke, Scheuerstellen oder Alterungsrisse zu überprüfen. Stellt man Schäden fest, müssen sie vom Fachmann ausgetauscht werden.
Auch bei den *Gasflaschen* ist, sofern überhaupt möglich, die Reparatur nur vom Hersteller durchzuführen. Dies gilt auch für eine Reparatur der Flaschenventile.
Die *Anschlüsse an den Gasschläuchen und -flaschen* sollten vom Piloten in regelmäßigen Abständen ebenfalls mit Silikon eingesprüht werden, damit ihre Dichtungsringe geschmeidig bleiben. Wichtig ist auch, dass sich hier kein Schmutz festsetzt. Um dies zu verhindern, gibt es spezielle Stopfen, mit denen die offenen Kupplungen verschlossen werden können.
Hin und wieder sollten auch die *Stahlseile an Hülle und Korb* auf Beschädigung überprüft werden. Beschädigungen, wie Brüche an den Kauschen oder Brandschäden (bräunliches Aussehen, hart beim Biegen, bleibt nach dem Biegen in der gekrümmten Stellung), sind zwar sehr selten, beschädigte Seile müssen aber von einem luftfahrttechnischen Betrieb ausgetauscht werden.
Auch der *Korb* gehört immer wieder einer Inspektion unterzogen. Zu achten ist darauf, dass keine großen Schäden am Geflecht vor allem im unteren Teil des Korbes vorhanden sind, die Leisten innen und außen nicht gebrochen sind, die Lederverstärkung am oberen Korbrand unbeschädigt ist und die Seilgriffe in einwandfreiem Zustand sind. Eine notwendige Reparatur von Schäden kann auch hier nur der luftfahrttechnische Betrieb durchführen.
Schließlich sollte die *Hülle* regelmäßig angeschaut werde. Grundsätzlich braucht der Hüllenstoff keine besondere Pflege. Allerdings sollte man darauf achten, daß der Ballon nie nass gelagert wird. Wurde der Ballon nass eingepackt, muss er möglichst innerhalb einer Woche durch Füllen mit dem Ventilator getrocknet werden. Denn sonst kann sich Schimmel auf dem Hüllenstoff bilden, der Stoff und Imprägnierung angreift und so die Haltbarkeit und Reiß-

festigkeit der Hülle beeinträchtigt. Kleine Löcher und Risse in der Hülle kann man selbst am einfachsten durch beidseitiges Aufkleben eines Stücks selbstklebenden Stoffes oder Rip-Stopp-Klebebands reparieren. Der Flicken sollte dabei die schadhafte Stelle überall um etwa 2,5 cm überragen. Ist der Schaden zu groß, um ihn auf diesem Wege reparieren zu können, muss vom Fachmann ein Stück Stoff eingenäht werden. Auch Reparaturen an den Lastgurten sind nur vom Fachmann auszuführen.
Das Gleiche gilt für das Reparieren und Austauschen von *Parachute-Zentrierleinen*, *Parachute-* und/oder *Reißleine*. Eine Kontrolle, ob Beschädigungen vorhanden sind, kann und muss natürlich der Pilot vornehmen.
Eine jährliche Nachprüfung des *gesamten Ballons* durch einen hierfür speziell durch das Luftfahrtbundesamt geschulten und zugelassenen Prüfer ist gesetzlich vorgeschrieben.

3. Die physikalischen Grundlagen

Um den Ballon richtig zu beherrschen, ist es für den Piloten wichtig, über die physikalischen Grundlagen des Ballonfahrens Bescheid zu wissen. Deshalb sollen hier die wichtigsten Punkte zusammengefasst werden.

Der Ballon gehört zur *Klasse der Aerostate*, ist also ein Luftfahrzeug „leichter als Luft". Bei gegebenem Volumen ist seine Tragfähigkeit um so höher, je größer der Unterschied zwischen den Dichten des umschlossenen Traggases und der ihn umgebenden Luft ist. Mit Hilfe des Brenners wird das „Traggas" Umgebungsluft in der Hülle auf höhere Temperatur und damit auf geringere Dichte gebracht und gehalten. Die Fähigkeit des Heißluftballons, in der Luft zu schweben, beruht da-

25

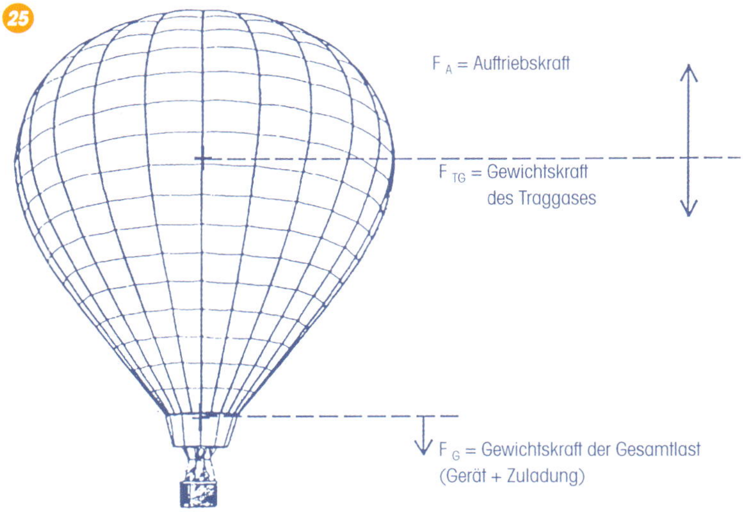

Aerostatische Kräfte am Heißluftballon.

Aerostatische Kräfte am Heißluftballon.

mit im Grundsatz lediglich auf dem Temperaturunterschied zwischen der Umgebungsluft und der Tragluft.
Diese Funktionsweise hat ihre Grundlage in der sogenannten Aerostatik. Die Theorie der Aerostatik beruht auf dem Satz des Archimedes (Archimedes von Syrakus, 287–212 v.Chr.). Das archimedische Prinzip besagt, dass jeder in eine Flüssigkeit eingetauchte Körper um so viel leichter erscheint, als die von ihm verdrängte Flüssigkeit wiegt. Der Körper erhält eine *Auftriebskraft*, die gleich groß, aber entgegengerichtet der Gewichtskraft der von ihm verdrängten Flüssigkeit ist.
Da das archimedische Prinzip auch für Gase gilt, ist für den Ballon folgende Aussage zu treffen: *Die Auftriebskraft eines Ballons ist gleich der Gewichtskraft der von ihm verdrängten Luft.*
Die Auftriebskraft muss dabei so groß sein, dass sie nicht nur die Gewichtskraft des Traggases, sondern zusätzlich auch die in dieselbe Richtung wirkende Gesamtlast aus Hülle, Korb und Zuladung ausgleicht (siehe Skizze).
Die Differenz zwischen der Auftriebskraft und der gesamten Gewichtslast ergibt die *Tragkraft* des Ballons.

Es gilt die Formel:

Tragkraft = *Auftriebskraft - Gewichtskraft*

Zur Erleichterung und Vereinfachung der aerostatischen Berechnungen wird die Formel auf Gewichte umgestellt und lautet dann:

Tragfähigkeit = *Auftrieb - Gasmasse*

oder

Tragfähigkeit = *Gewicht der verdrängten Luftmasse - Gewicht des Füllgases*

Auftrieb definiert sich dabei als die Masse der vom Ballon verdrängten Luft, die *Gasmasse* ist die Masse des von der Hülle umschlossenen Traggases.
Der Ballon schwebt im Gleichgewicht mit der umgebenden Luft, wenn beide Seiten der Traglastgleichung gleich groß sind. Die Tragfähigkeit entspricht dann genau der Summe von Rüstmasse des Ballons und der Zuladung. Ist die Tragfähigkeit größer, steigt der Ballon, ist sie kleiner, sinkt er.
Eine wichtige Größe in dieser Betrachtung ist die *Temperatur der Luft*, und zwar sowohl die Temperatur der Luft in der Hülle als auch die der Umgebungsluft. Da Luft ein Gas ist, kann auf das zurückgegriffen

werden, was hierzu im Zusammenhang mit Propangas erklärt wurde. Mit Erhöhung der Temperatur verringert sich die Dichte des Gases und damit auch das Gewicht; mit Verringerung der Temperatur erhöht sich die Dichte des Gases und damit auch sein Gewicht.
Für den Ballon heißt dies: Mit einer Höhenänderung ändert sich, bei gleichbleibendem Ballonvolumen, die Masse der verdrängten Umgebungsluft, also der Auftrieb, weil sich die Temperatur und damit die Luftdichte der Umgebungsluft ändert. Die gleiche Wirkung erzeugt beim Heißluftballon die Änderung der Gasmasse durch Änderung der Temperatur des Traggases. Unterschiedliche Temperatur des Traggases bedeutet unterschiedliche Dichte und damit aufgrund des konstanten Ballonvolumens unterschiedliche Masse des Traggases. Ist also die Hüllenluft heißer und damit leichter als die Umgebungsluft, steigt der Ballon, ist die Hüllenluft kälter und damit schwerer als die Umgebungsluft, sinkt er.
Der Auftrieb und die Temperatur von Hüllenluft und Umgebungsluft sind also die größten Punkte in der Traglastgleichung und jede Änderung ihrer Werte hat größten Einfluß auf die Tragfähigkeit.
Für die *Erstellung einer Tragkraftberechnung* ist es notwendig, die Temperatur der Hüllenluft zu definieren. Dabei muss mit absoluten Temperaturen, die in Kelvin (K) angegeben werden, gerechnet werden. Ebenso muss die Dichte der Luft allgemein gültig festgelegt werden. Dabei ergeben sich folgende Werte: Die Luftdichte bei 0° C beträgt für 1 m^3 Luft auf Meereshöhe ungefähr 1,3 kg. Der Temperatur von 0° C entsprechen 273 K. Die Dichte der Luft errechnet sich dann wie folgt:

Dichte der Luft *= 1,3 kg x (273 K : (273 K + Temperatur der Luft in °C))*

Als Temperatur der Heißluft wird bei der Berechnung ein Wert eingesetzt, mit dem maximal gefahren werden soll.
Der ebenfalls für die Berechnung notwendige herrschende Luftdruck wird im Rahmen der Wetterberatung erfragt. Der Standardluftdruck ist allgemein gültig auf 1013 hPa (Hektopascal) festgelegt.
Abhängig ist die Tragkraft von der Höhe, in der der Ballon fährt. Für die Berechnung wird eine Höhe angenommen, in der sich der Ballon die überwiegende Zeit befinden wird. Zur Vereinfachung der Rechnung wird für diese Höhe eine *Höhenzahl* n eingesetzt. Mit der Höhenzahl bezeichnet man das Verhältnis des Luftdruckes in zwei verschiedenen Höhen. Der höhere Luftdruck (geringere Höhe) wird durch den geringeren Luftdruck (größere Höhe) geteilt, also:

n = Luftdruck unten : Luftdruck oben

Zur Erleichterung für den Piloten kann er die benötigte Höhenzahl aus einer Tabelle im Pilotenhandbuch entnehmen.

Mit den folgenden Gleichungen erfolgt dann die Traglastberechnung:

Tragkraft = *Auftrieb - Gewicht des Füllgases*

$$\textbf{Auftrieb} = \text{Ballonvolumen} \cdot 1{,}3\ \text{kg} \cdot \left(\frac{273\ \text{K}}{273\ \text{K} + \text{Temperatur der Umgebungsluft}}\right) \cdot \left(\frac{\text{aktueller Luftdruck}}{1013\ \text{hPa}}\right)$$

$$\textbf{Gewicht des Füllgases} = \text{Ballonvolumen} \cdot 1{,}3\ \text{kg} \cdot \left(\frac{273\ \text{K}}{\text{Temperatur der Heißluft}}\right) \cdot \left(\frac{\text{aktueller Luftdruck}}{1013\ \text{hPa}}\right)$$

Das Ergebnis der Gleichungen „Auftrieb" und „Gewicht des Füllgases" ist jetzt jeweils noch durch die Höhenzahl n zu dividieren. Hiermit erhält der Pilot die Werte, die für die voraussichtliche Fahrthöhe des Ballons Geltung haben.
Für die Steigkraft gilt:

Steigkraft = *Tragkraft - Startgewicht*

Das Startgewicht setzt sich zusammen aus Aufrüstgewicht des Ballons inklusive aller Instrumente, der mitzunehmenden Gasflaschen und der Mitfahrer.
Der Einfluss der Temperatur ist sich immer vor Augen zu halten, da sie entscheidend einwirkt auf Luftdichte und damit auf die Tragkraft. Dabei ist der Einfluss der Temperatur der Umgebungsluft auf die Tragfähigkeit rund 1,6-mal so hoch wie der Einfluss der Heißluft-Temperatur, die ja je nach Bedarf variabel ist.
Zum besseren Verständnis hier ein *Beispiel für* eine solche *Traglastberechnung.* Folgende Werte sind vorgegeben:

Der Ballon hat eine Hüllengröße von 2180 m³. Die Temperatur der Umgebungsluft beträgt 20° C, die Temperatur der Hüllenluft soll maximal 100° C betragen. Der aktuelle Luftdruck hat einen Wert von 930 hPa.

Berechnung des ***Auftriebs***:

$$2180\ \text{m}^3 \cdot 1{,}3\ \text{kg} \cdot \left(\frac{273\ \text{K}}{273\ \text{K} + 20\ °\text{C}}\right) \cdot \left(\frac{930\ \text{hPa}}{1013\ \text{hPa}}\right) = 2180\ \text{kg} \cdot 1{,}11\ \text{kg} = 2425\ \text{kg}$$

Berechnung des ***Gewichts des Füllgases***:

$$2180\ \text{m}^3 \cdot 1{,}3\ \text{kg} \cdot \left(\frac{273\ \text{K}}{273\ \text{K} + 100\ °\text{C}}\right) \cdot \left(\frac{930\ \text{hPa}}{1013\ \text{hPa}}\right) = 2180\ \text{kg} \cdot 0{,}87\ \text{kg} = 1897\text{kg}$$

Berechnung der ***Tragkraft***:

2425 kg - 1897 kg = 528 kg

Es ist immer zu beachten, dass ein Ausgleich von Tragkraftverlust bei hohen Außentemperaturen (geringe Luftdichte) eine so starke Erhöhung der Heißlufttemperatur erforderlich machen kann, dass die *Betriebsgrenzen* überschritten werden können. Die gleiche Auswirkung auf die Tragfähigkeit hat eine warme Bodenschicht an Sommertagen. Ein bei der Landung in eine solche Schicht eintretender Ballon kann schlagartig eine Sinkkraft von solcher Größe erhalten, dass sie durch Heizen nicht mehr auszugleichen ist und den Ballon durchfallen läßt.
Diese Betriebsgrenzen (maximale Hüllentemperatur, maximale Zuladung) sind gerade beim Heißluftballon ein wichtiger Punkt. Die Einhaltung dieser Grenzen vermeidet eine Überbeanspruchung des Ballons. Die Möglichkeit, beim Heißluftballon die Tragfähigkeit durch übermäßig starkes Heizen verändern zu können, birgt die Gefahr, dass der Ballon überladen werden kann oder dass die Heißlufttemperatur zulässige Werte überschreitet. Deshalb hat der Gesetzgeber festgelegt, dass die Ballone nur in Übereinstimmung mit den festgelegten Betriebsgrenzen betrieben werden dürfen. Das Luftfahrtbundesamt als Zulassungsbehörde legt die Grenzwerte für jedes Heißluftballon-Muster fest und gibt sie im jeweiligen Flughandbuch an. Für die Einhaltung der Betriebsgrenzen ist der Pilot verantwortlich.
Ein weiterer zu beachtender Punkt ist die *Trägheit* des Ballons. Was bedeutet Trägheit? Bei einem Ballon, der im Gleichgewicht schwebt, ist die Summe der äußeren Kräfte gleich Null. Der der Masse der verdrängten Luft entsprechende Auftrieb ist gleich groß wie die Masse von Traggas und Gerät. Die vertikal wirkenden Kräfte sind ausgeglichen. Treten zusätzliche Kräfte auf, wird das Gleichgewicht gestört. Der Ballon wird beschleunigt. Den Widerstand eines Körpers gegen eine Änderung seiner Bewegung bezeichnet man als Trägheit. Das Maß für die Trägheit ist die Masse.
Beim Ballon entspricht die träge Masse der Summe der Masse von Traggas und Gesamtlast, die dem Auftrieb entspricht. Je größer also das Volumen des Ballons ist, desto größer ist die Trägheit.
Für die Fahrpraxis bedeutet das: Die träge Masse eines Ballons beträgt 1225 kg/ 1000 m^3 Volumen. Der Pilot hat es also mit trägen Massen von 2,5 bis 5 Tonnen zu tun. Dies heißt für den Fahrtbetrieb, dass ein aus dem Gleichgewicht gebrachter Ballon große Gegenkräfte und lange Reaktionszeiten für einen Ausgleich benötigt. Der Ballonpilot sollte deshalb darauf bedacht sein, alle Bewegungen seines Ballons nur mit geringer Geschwindigkeit ablaufen zu lassen. Die erforderlichen Kräfte für eine Bewegungsänderung werden durch Änderung der

Heißluftmasse, also durch Erhitzen der Hüllenluft mit dem Brenner erzeugt. In der Praxis spielen die sich aus der großen Trägheit und der begrenzten Brennerleistung ergebenden langen Reaktionszeiten eine wichtige Rolle. Alle Wirkungen treten erst mit gewisser Verzögerung ein, alle Gegenmaßnahmen erfordern Zeit. Was die Steigkraft durch Heizen anbelangt, ist zu bedenken, dass die Reaktionszeit eines „heiß" gefahrenen Ballons länger ist, als die eines „kalt" gefahrenen. Der im Gleichgewichtszustand gefahrene „heiße" Ballon benötigt mehr Wärmeleistung, um eine bestimmte Steigkraft zu erzeugen, als ein kälter gefahrener Ballon. Dies sollte man sich immer vor Augen halten, insbesondere wenn eine schnelle Höhenänderung wegen eines Hindernisses notwendig wird. Die Reaktionszeit verkürzt sich, wenn der Pilot grundsätzlich die Bewegung beschleunigt, die der Ballon bereits hat: Im Sinken kann man also durch Öffnen des Parachute die Sinkbewegung verstärken, im Steigen die Steigrate durch Heizen vergrößern.

4. Meteorologie

Außer den im vorangegangenen Kapitel dargestellten physikalischen Kenntnissen ist für die Fahrtvorbereitung und den anschließenden Start meteorologisches Wissen unerlässlich.
Vorgänge in der Lufthülle der Erde beeinflussen die Fahrt eines Ballons auf zweierlei Weise: Sein Fahrtweg wird ausschließlich durch die Bewegung der umgebenden Luft vorgeschrieben. Die Größe seines Auftriebs und damit die für Höhenänderungen maßgeblichen Kräfte, nämlich Steig- und Sinkkraft werden überwiegend durch die Temperaturverhältnisse in der Umgebungsluft bestimmt (siehe Kapitel 3). Wind und Lufttemperatur sind damit die für den Ballon vorrangig wichtigen Elemente des Wettergeschehens.
Sichtweite und Wolkenbedeckung sind bedeutsam für Navigation und Standortbestimmung und für die Einhaltung der Luftverkehrsregeln (siehe Kapitel 10).

Wind

Wind ist bewegte Luft. Die Luftbewegung kommt durch Luftdruckunterschiede zustande, die wiederum durch Temperaturunterschiede verursacht werden. Diese sind letztendlich durch die Sonnenenergie bedingt, die die Erde in den verschiedenen geographischen Breiten oder bei entsprechendem Untergrund (Land/See) verschieden erwärmt. Zwischen den Gebieten mit starker Erwärmung (tiefer Druck) und kühleren Gebieten (hoher Druck) entsteht ein Druckgefälle; die Druckflächen neigen sich zum kühleren Gebiet hin. Ein so entstandenes Druckgefälle, das in einer bestimmten Höhe am stärksten ausgeprägt ist, bewirkt eine Luftbewegung (Wind) in der Höhe, vom hohen zum tiefen Druck hin. Wo die Luft in der Höhe zum tieferen Druck abfließt, sinkt am Boden der Luftdruck (Luftabtransport), während er in dem Gebiet, wo die Luft hinströmt (Luftzufuhr), am Boden ansteigt. So entsteht in Bodennähe ein umgekehrtes Druckgefälle mit einer Luftströmung vom hohen zum tiefen Druck oder vom kälteren zum wärmeren Gebiet. Aufsteigende Luft über warmen Gebieten und absinkende

■ **Luftzirkulation auf stillstehender Erde.**

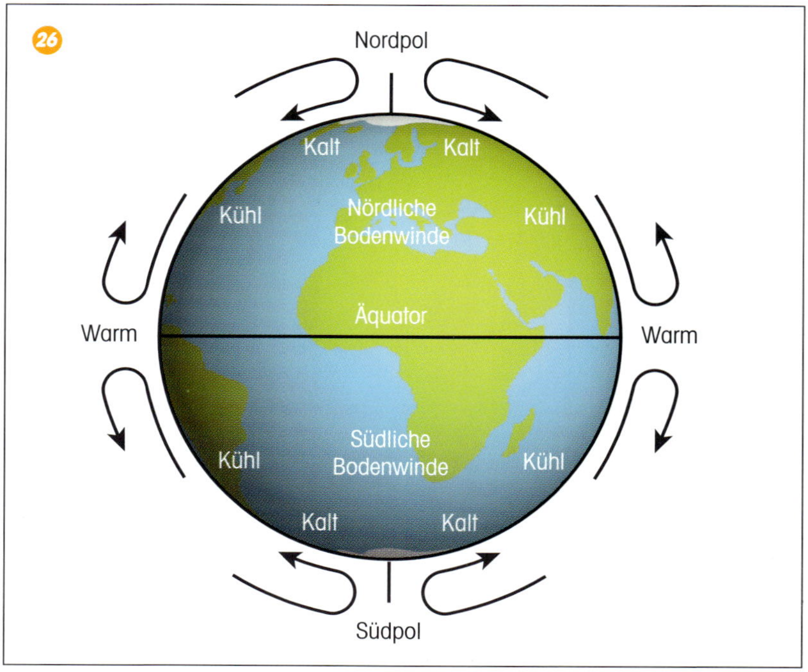

■ **Isobaren (Linien gleichen Luftdrucks).**

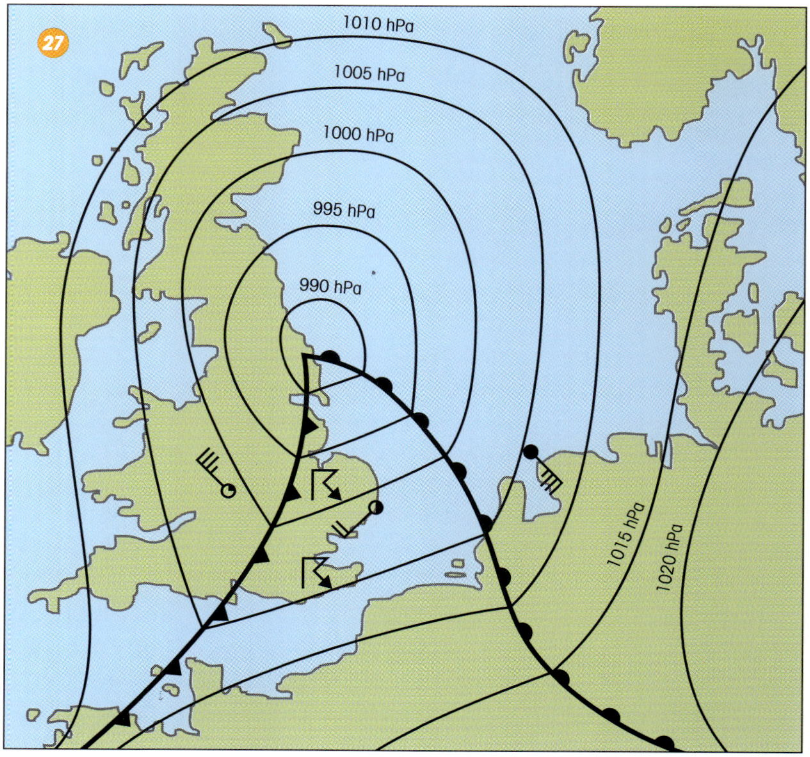

Luft über kalten Gebieten (vertikale Luftströmung) verbinden die horizontalen Strömungen in der Höhe und am Boden.
Dieses Windsystem wird jedoch von verschiedenen Faktoren beeinflusst.
Einer dieser Faktoren ist die *Gradientkraft*. Die Windgeschwindigkeit ist abhängig von der Größe des Druckgefälles zwischen hohem und tiefem Druck. Dieses Gefälle wird als Druckgradient bezeichnet. Auf den Wetterkarten wird der Druchgradient durch Isobaren (Linien gleichen Luftdrucks) dargestellt. Liegen die Isobaren weit auseinander, handelt es sich um ein flaches Druckgefälle, die Gradientkraft ist klein, die Windgeschwindigkeit entsprechend gering. Liegen die Isobaren eng beieinander, handelt es sich um ein starkes Druckgefälle mit großer Gradientkraft und hohen Windgeschwindigkeiten.

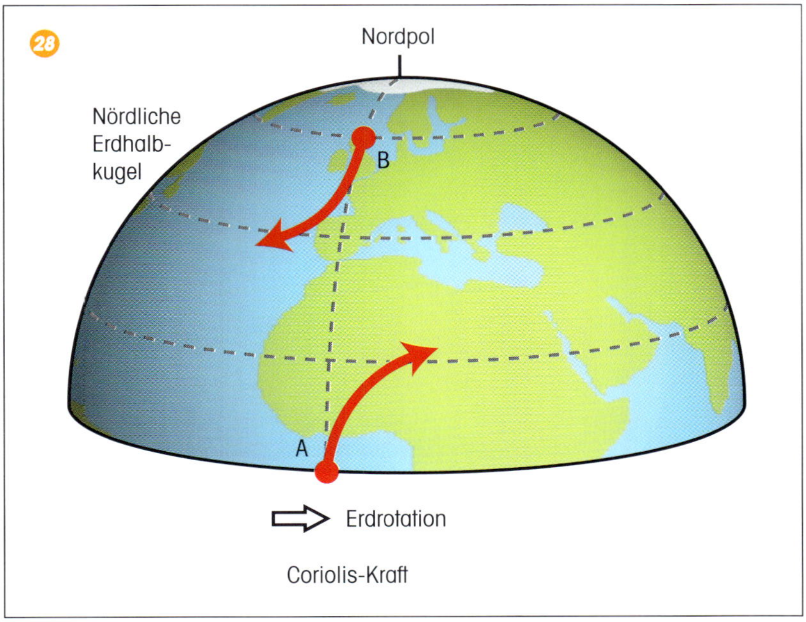

Die Coriolis-Kraft und ihr Einfluss auf eine Luftmasse A, die nach Norden zieht, und auf eine Luftmasse B, die nach Süden driftet.

Die Luft würde also bei Druckunterschieden direkt von Gebieten mit hohem Druck in solche mit niederem Druck fließen. Durch die Rotation der Erde werden diese Luftbewegungen jedoch von der Richtung der Luftdruckunterschiede abgelenkt. Diese Kraft heißt *Coriolis-Kraft*. Die Größe der Coriolis-Kraft ist abhängig von der Windgeschwindigkeit und der geographischen Breite. Je näher man den Polen kommt, desto kleiner ist die Ablenkung durch die Coriolis-Kraft. Auf der Nordhalbkugel wird die Windbewegung nach rechts abgelenkt, auf der Südhalbkugel nach links. Mit zunehmender Windgeschwindigkeit wächst die Coriolis-Kraft und die

Geostrophischer Wind und Gradientwind.

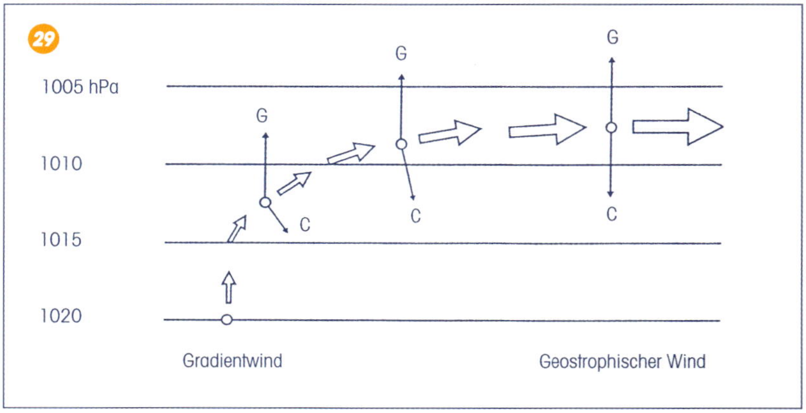

Luft wird immer mehr nach rechts abgelenkt, bis schließlich die Gradientkraft und die Coriolis-Kraft sich im Gleichgewicht befinden, sie sind gleich groß. Für den von der Bodenreibung nicht beeinflussten Höhenwind oberhalb etwa 1000 m ist diese Richtungsablenkung nach rechts größer als für den Bodenwind und kann 90° erreichen. Deshalb verläuft der Höhenwind annähernd parallel zu den Isobaren (sogenannter Geostrophischer oder Gradientwind).
Die dritte Größe, die den Wind beeinflußt, ist die *Reibungskraft*. Die Reibung findet in der Grundschicht bis zu einer Höhe von ca. 1000 m statt. Über unebenem Gelände sind die Reibungkräfte größer als über glatten Flächen wie z. B. Wasser. Die Reibung des Windes mit dem Boden ist eine Kraft, die entgegengesetzt zur Windrichtung wirkt. Mit Annäherung an den Boden verringert sich so die Windgeschwindigkeit und die nach rechts ablenkende Coriolis-Kraft wird kleiner. Die Gradientkraft gewinnt jetzt die Oberhand und lenkt den Wind in bodennahen Schichten nach links in Richtung des tiefen Drucks ab.

Der Reibungseinfluss in Bodennähe verringert die Windgeschwindigkeit. Die Coriolis-Kraft lässt nach und der Wind dreht nach links.

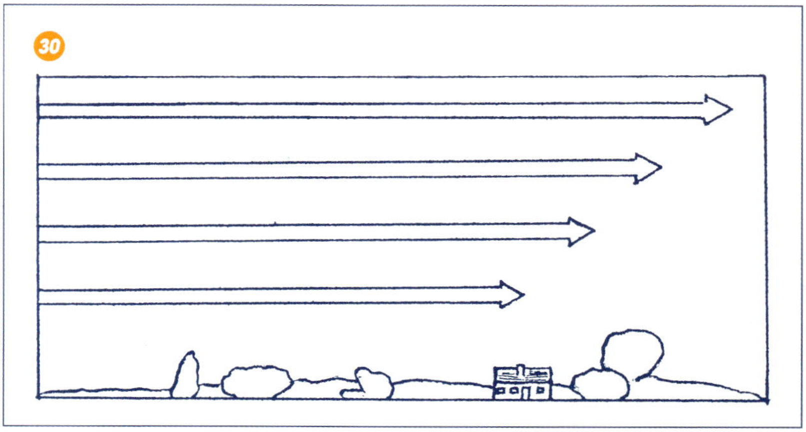

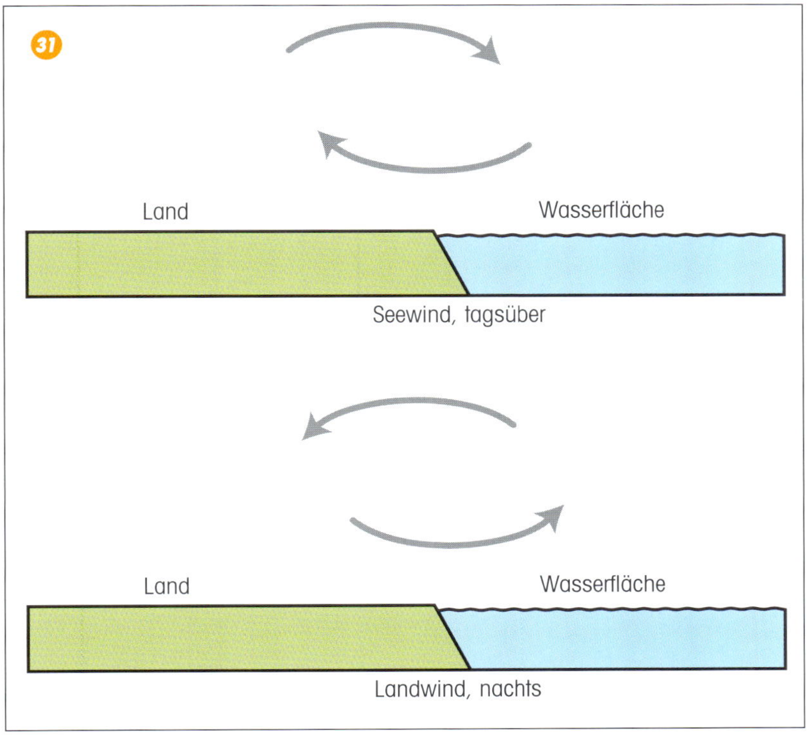

■ **Seewind, tagsüber. Landwind, nachts.**

Durch verschieden starke Erwärmung der Erdoberfläche können örtlich begrenzte besondere Windsysteme entstehen, die im Tagesverlauf durch Wechsel von Tag und Nacht ihre Richtung ändern. So der Land- und Seewind, der aufgrund der stärkeren Erwärmung der Landmasse tagsüber landeinwärts strömt. Hierzu gehören auch der Tal-, Hang- und Bergwind, der tagsüber hang- und talaufwärts strömt, da die Luft im Tal und an den Hängen stärker erwärmt wird, als über einer angrenzenden Ebene und über dem Tal selbst. Nachts kehren sich diese Systeme um.
Ein besonders in unseren Breiten zu beobachtender Wind, der vom Gradientwind abhängig ist, ist der *Föhn*. Der Föhn ist ein warmer, trockener Fallwind, der vor allem in den nördlichen Alpentälern und im Alpenvorland auftritt. Sein Auslöser ist ein starker Abfall des Luftdrucks auf der Alpennordseite aufgrund eines herannahenden Tiefs von Westen. Auf der Südseite bleibt er höher, so dass sich eine Luftströmung vom hohen Druck im Süden zum tiefen Druck im Norden bildet, die die Alpen als südlicher Wind überqueren muss. Trifft warme Luft aus dem Mittelmeerraum auf die Alpen, wird sie gezwungen, an diesem Hindernis aufzusteigen. Dabei kühlt sie sich ab und bei Erreichen des Kondensationsniveaus in ca. 1500 m bilden sich Wolken und Niederschlag. Dadurch wird Kondensationswärme

■ **Schematische Darstellung des Föhns.**

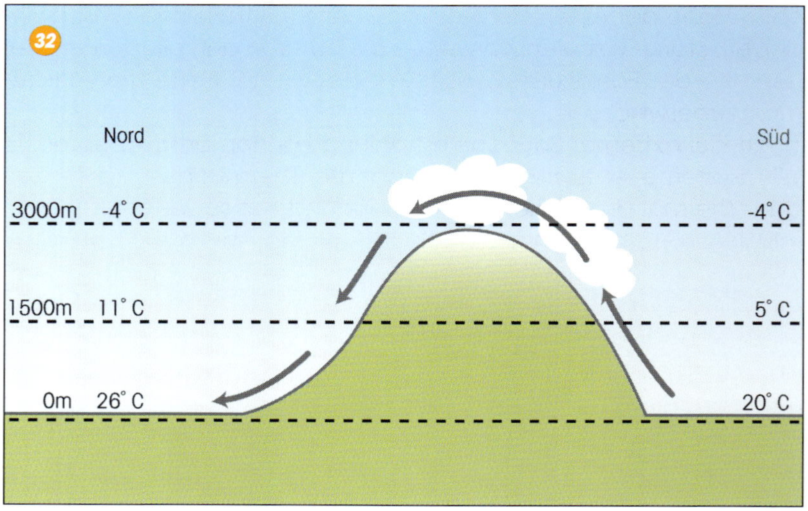

frei. Die Luft steigt jetzt unter geringerer Abkühlung zum höchsten Punkt in ca. 3000 m weiter auf. Es bilden sich immer mehr Wolken, die sich auf der Luv-Seite (Südseite) der Alpen ausregnen. Nachdem die Luft den höchsten Punkt überschritten hat, sinkt sie auf der Nordseite unter starker Erwärmung ab und kommt dort als trockenwarmer Fallwind mit bis zu 30° C an. In der Höhe entsteht auf der Lee-Seite (Nordseite) eine sogenannte Wellenströmung, da die Luftströmung durch das Überströmen der Alpen in Schwingungen versetzt wird. Charakteristisch dafür ist die Bildung von „Linsenwolken". Diese Schwingungen reichen auf der Nordseite einige hundert Kilometer weit und dehnen sich nach oben bis zur fünfzigfa-

■ **Leewellensituation bei Föhn.**

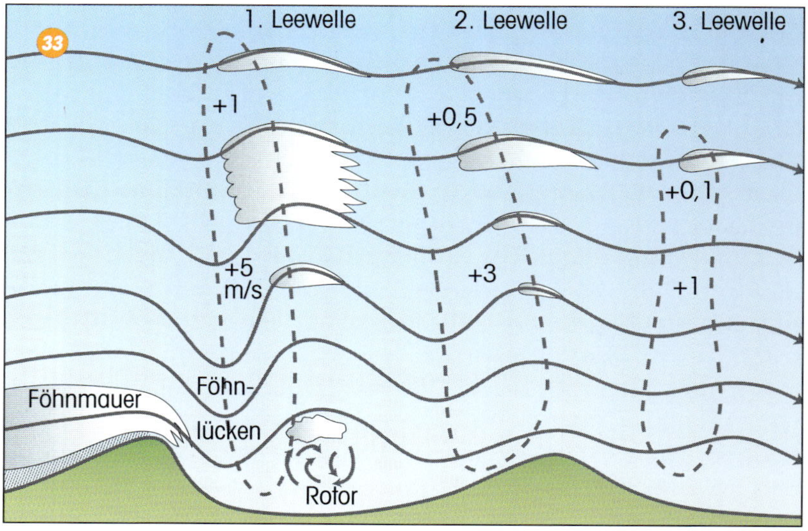

chen Höhe der Alpen aus. Vielfach herrscht Starkwind-Geschwindigkeit. Starke Turbulenzen weisen die Rotoren auf, die dort entstehen, wo der Föhnsturm wieder in eine normal fließende Luftströmung überwechselt.
Auch bei extremer Sonneneinstrahlung können örtlich begrenzte Windsysteme entstehen – sogenannte Thermische Turbulenzen oder *Thermik*. Hierbei kommt es zur Bildung von sogenannten Thermikblasen, verbunden mit kräftigen Auf- und Abwinden. Die Intensität und der Umfang der aufsteigenden Luft ist nicht nur Tageszeiten-abhängig, sondern hängt auch in hohem Maße von der Beschaffenheit des Bodens ab, auf den die Sonne scheint. Je dunkler der Boden ist, desto mehr Sonnenenergie wird absorbiert und desto mehr Wärme wird vom Boden wieder an die Luft abgegeben. Um so heftiger sind dann auch die thermischen Auswirkungen.
Für den Piloten bedeutet die Thermik, dass sein Ballon von den plötzlich sich ablösenden Warmluftblasen nach oben gerissen wird, ohne dass für ein Steigen genügend Auftrieb vorhanden ist. Um dann ein nachfolgendes unkontrolliertes Sinken zu verhindern, muss der Pilot in dieser Situation also zusätzlich heizen, um so die Innentemperatur der Hülle der unfreiwilligen Aufwärtsbewegung anzupassen. Ein kontrolliertes Fahren wird so unmöglich. Nicht der Pilot diktiert den Fahrtverlauf, sondern ausschließlich das thermische Geschehen!

Lufttemperatur

Der zweite wichtige Wetterfaktor ist die Lufttemperatur. Die Temperatur wird im Wesentlichen durch Strahlungsvorgänge beeinflusst. Die von der Sonne tagsüber eingestrahlte Energie wird je nach Bodenbeschaffenheit mehr oder weniger stark in Wärme umgesetzt und von dort durch Wärmeleitung und Luftaustausch an die Atmosphäre weitergegeben. Umgekehrt wird nachts, besonders bei wolkenarmem Himmel, Wärme abgestrahlt, die aus den anliegenden Luftschichten ersetzt wird, was für diese eine geringere Temperatur bedeutet. Die Temperatur ist höhenabhängig. Als Anhaltspunkt kann eine Temperaturdifferenz von 2° C auf 300 m Höhenunterschied gelten. Grundsätzlich heißt das also, dass die warme Luft nach oben steigt und sich mit zunehmender Höhe abkühlt. Gleichzeitig sinkt kalte Luft zu Boden, um sich dort aufzuwärmen und dann ebenfalls aufzusteigen. So entsteht ein immerwährender Kreislauf. Wenn über besonders kalten, bodennahen Luftschichten sich wärmere Luft ablagert, die normale höhenabhängige Temperaturverteilung also umgekehrt wird, spricht man von einer *Inversion*. Es hängt vom Temperaturzustand der Atmosphäre ab, also von den übereinanderliegenden Luftschichten, ob

Vertikalbewegungen der Luftmassen zur Ruhe kommen, zurückpendeln oder sich fortsetzen, wenn die Ursache (Windbewegung an Gebirgen, Wetterfronten) fortfällt und die Luft sich selbst ihren Gleichgewichtszustand suchen kann. Gelangt z. B. aufsteigende Luft an eine Inversion, verliert sie rasch ihre Steigkraft und wird schließlich, da sie kälter als die Umgebungsluft ist, wieder zurücksinken. Sind die oberen Luftschichten jedoch überdurchschnittlich kalt, kommt eine solche Luftbewegung, da sie wärmer ist, nicht zum Stillstand, sondern wird möglicherweise noch verstärkt. Dies bezeichnet man als eine *labile Schichtung.*

Die Temperatur ist auch dafür maßgeblich, wie groß die Aufnahmefähigkeit der Luft für Wasser ist: Warme Luft kann mehr Wasser in sich aufnehmen und halten als kalte. Sinkt die Temperatur der Luft ab, erreicht sie einen Punkt, an dem die Luft die vorher enthaltene Feuchtigkeit nicht mehr ganz aufnehmen kann. An diesem sogenannten *Taupunkt* verdichtet sich (kondensiert) der Wasserdampf zu Wassertröpfchen. Sinkt die Temperatur noch weiter ab, reicht die ebenfalls absinkende Aufnahmefähigkeit der Luft für die tatsächlich vorhandene Wassermenge nicht mehr aus. Das überschüssige gasförmige Wasser verdichtet sich zu Wassertröpfchen, zu Wolken und Nebel. Bei tiefen Temperaturen können sich unmittelbar Eiskristalle bilden. Niederschlag in Form von Regen entsteht dabei dann, wenn diese schwebenden Wassertröpfchen so stark anwachsen, dass sie aufgrund ihres Gewichts aus der Wolke ausfallen und dabei groß genug sind, um unterhalb der Wolke nicht wieder zu verdampfen und den Boden erreichen. Die Höhenlage, in der die Wolkenbildung einsetzt, beeinflusst durch die dort herrschende Temperatur Art und Verteilung der Wolkenbestandteile (Wassertröpfchen, Eisnadeln, Eisplättchen) und damit das Aussehen der Bewölkung. Diese wiederum wirkt sich entscheidend auf die Sichtverhältnisse aus.

Neben der Bewölkung sind Staub, Rauch, Verbrennungsgase und Niederschläge für die *Sicht* mitbestimmend. Sichtweite ist die Entfernung, in der markante Geländepunkte, die sich gegen den Hintergrund gut abheben (Kirchtürme, Schornsteine, Waldränder etc.), mit bloßem Auge noch erkennbar sind. Kondensiert der Wasserdampf an den trüben Beimengungen wie Staub und Rauch, quellen diese bei hoher Luftfeuchtigkeit auf und führen zu starkem Dunst. Sinkt die Sichtweite unter 1 km, spricht man von Nebel.

Gewitter

Besonderer Erwähnung bedarf das Gewitter, denn es stellt für die Ballonfahrt ein besonders gefährliches Wettergeschehen dar.

Gewitter sind engräumige und zugleich die energiereichsten Er-

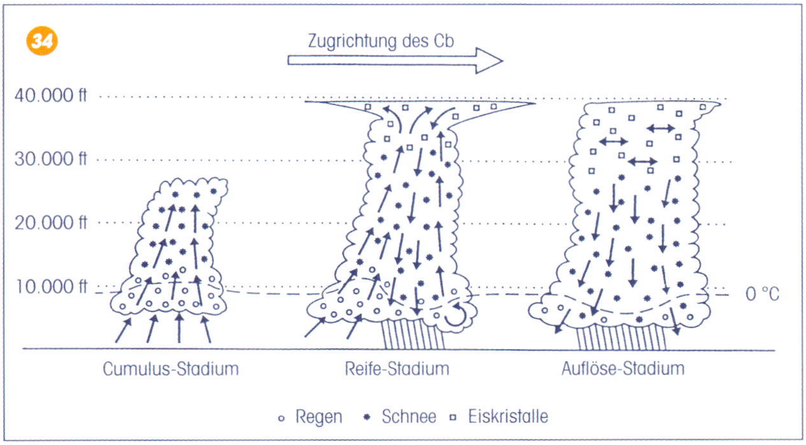

Die drei Stadien einer Gewitterwolke.

scheinungen im Wettergeschehen. Es kommt zu schauerartigen Niederschlägen mit elektrischen Erscheinungen (Blitz und Donner). Zur Bildung von Gewittern führen feuchtwarme Luft, feuchtlabile Schichtung der Atmosphäre und Hebung der Luftmassen bis zur Kondensation. Je nachdem, wo ein Gewitter auftritt, unterscheidet man *Luftmassengewitter* (Wärmegewitter und orographische Gewitter, die sich z. B. an Bergen bilden) und *Frontgewitter*. Die Entstehung und Weiterentwicklung eines Gewitters bis hin zur Auflösung ist bei allen Typen im Grunde gleich, bei einem Wärmegewitter aber am besten zu beobachten und zu erklären.

Damit Wärmegewitter entstehen können, müssen hohe Temperaturen, eine hohe Luftfeuchte und ein durch die Bodenerwärmung entstehendes kleinräumiges Hitzetief zusammentreffen. Bevorzugt über feuchten Gebieten setzt eine kontinuierliche Bildung von Quellwolken (Cumulus) ein. Eine dieser Quellwolken, bei der die Voraussetzungen besonders günstig sind, wächst durch kräftige Aufwärtsbewegung in etwa 30 Minuten bis auf eine Höhe von 6000 m. Gegen Ende dieser Entwicklung bilden sich im oberen Teil dieser Wolke aus den Wassertröpfchen Eiskristalle. Dadurch verliert sie ihre „Blumenkohlform", aus dem Cumulus wird ein Cumulonimbus. Jetzt, im sogenannten Reifestadium, verändern sich Aussehen und Ausmaß der Wolke gewaltig. Ihre Basis dehnt sich auf 20–25 km aus, der Wolkengipfel erreicht die Tropopause (in ca. 12 km Höhe). Da hier Temperaturen von -40° C bis -60° C herrschen, wandelt sich der obere Teil der Wolke in eine Eiswolke um. An der Sperrschicht der Tropopause breitet sie sich horizontal aus und bekommt die Form eines Ambosses. Jetzt herrschen in der Wolke Aufwinde bis zu 200 km/h, die die gespeicherten Wassertröpfchen immer wieder zum Platzen bringen. Dieser Vorgang nimmt explosionsartig zu, bis schließlich der Aufwind das Niederschlagswasser nicht mehr tragen

kann und es aus der Wolkenbasis in starken Schauern abregnet. Bei besonders starken Aufwinden kann es zur Hagelbildung kommen. Vor dieser Gewitterwolke bildet sich eine Böenwalze aus mit Windgeschwindigkeiten bis zu 150 km/h. Nach knapp einer Stunde ist das Gewitter vorüber. Im Auflösungsstadium lässt der Niederschlag stark nach und die Wolke löst sich auf.
Angesichts dieser Naturgewalten ist es leicht nachvollziehbar, dass ein Gewitter eine hochgradige Gefährdung darstellt. Der Ballonfahrer hat keine Möglichkeit die auftretenden Kräfte auszugleichen. Der Ballon wird durch die starken Winde fortgerissen, ohne dass Gegenmaßnahmen greifen würden.
Um diese wichtigen Informationen über die herrschende Wettersituation und ihre Weiterentwicklung zu erhalten, ist jeder Pilot verpflichtet, vor der Fahrt eine ausführliche *Wetterberatung* vom Wetterdienst einzuholen. Hier gibt es verschiedene Möglichkeiten. Zum einen kann der Pilot natürlich per Telefon eine Beratung einholen. Daneben besteht die Möglichkeit, ausführliche Informationen über das Fax abzurufen. Seit einiger Zeit ist auch über Internet und einen extra Telefonanschluss der direkte Zugriff auf die wichtigen Wetterinformationen beim Deutschen Wetterdienst möglich.

5.

Das Fahren

Die Vorbereitung

Vor jeder Fahrt sind also zunächst vom Wetterdienst die nötigen *Wetterinformationen* einzuholen. Dazu gehören Windgeschwindigkeit und -richtung, thermische Aktivitäten, die Windrichtung und wie sich voraussichtlich die Wetterentwicklung gestaltet. Mit diesen Informationen versehen entscheidet der Pilot dann, ob und wo er fährt.
Entscheidend ist, dass der Wind am Startplatz eine bestimmte Geschwindigkeit, die im Betriebshandbuch eines jeden Ballons angegeben ist (z. B. nicht mehr als 10 Knoten), nicht überschreitet. Die Fahrtrichtung sollte nicht in unzugängliche Gebiete wie Berge, Seen, große Wälder oder große bebaute Flächen führen, es sei denn, man kann sie sicher überfahren, weil der Höhenwind mit ausreichender Geschwindigkeit bläst.
Bei Thermik und nahenden Gewitterfronten ist eine Ballonfahrt nicht möglich, da der Ballon, wie beschrieben, in seiner Fahrtbewegung nicht mehr zu kontrollieren ist.
Hat man sich zur Fahrt entschlossen, informiert man sich mit Hilfe der für das Fahrtgebiet zutreffenden Flugsicherungskarte (ICAO-Karte) über die bestehende *Luftraumstruktur*, insbesondere, ob es einen Flughafen mit Kontrollzone oder Sperrgebiete gibt, und über die wichtigen Funkfrequenzen.
Dann wird die *Ausrüstung* zusammengestellt: neben dem Ballon, die Funkgeräte, das notwendige Kartenmaterial und die erforderlichen Papiere (Bordbuch des Ballons, Lufttüchtigkeitszeugnis, Zulassung, Versicherung und Fahrtenbuch des Piloten). Nach einer Tragkraftberechnung steht fest, ob der Ballon mit der geplanten Beladung starten kann.
Schließlich informiert man auch seine Mannschaft, die beim Aufrüsten des Ballons hilft und anschließend auch seine Verfolgung übernimmt. Denn eine Ballonfahrt ist ohne die Mithilfe von anderen schlicht nicht möglich!

Die Mannschaft

Als Begleitmannschaft (Crew) sind bei den gebräuchlichen Ballonen (bis ca. 3000 m^3) ein bis zwei Personen erforderlich. Eine Einweisung in das vielleicht unbekannte Verfolgerfahrzeug (insbesondere wo die Karten zu finden sind und ob der Zündschlüssel im Auto ist) und in die Funktionsweise des Funkgeräts sind zwar oft nicht mehr nötig, aber sicher nicht verkehrt.
Dann wird der Aufbau des Ballons erklärt und was die Crew dabei zu tun hat.
Sind diese ganzen Vorbereitungen getroffen, geht es zum geplanten Startplatz.

Der Startplatz

Ein Startplatz muss verschiedene Kriterien erfüllen. Ist kaum Wind (bis 5 Knoten) eignet sich dafür eine schöne Wiese oder ein abgeerntetes Feld. Sind die Windgeschwindigkeiten höher, sollte der Startplatz windgeschützt sein, also z. B. eine große Waldlichtung, in der man den Ballon mit genügend Platz auch für unvorhergesehene Bodenwinddänderungen auslegen kann.
Wichtig ist auch, dass der Startplatz in der vorherrschenden Windrichtung und damit in Fahrtrichtung in nächster Nähe keine Hindernisse, wie Hochspannungsleitungen, aufweist. In Windrichtung kann ab 200 Meter Entfernung über solche Hindernisse mit einer entsprechenden Steigrate hinweggestartet werden. Man sollte aber auch daran denken, dass z. B. die Stromleitung vom Startplatz aus nicht zu

35

Ein Startplatz auf offener Wiese eignet sich gut bei gleichmäßig schwachem Wind.

sehen ist, weil sie der Wald verdeckt. Also immer mit entsprechender Vorsicht starten und lieber mit ein bisschen zu viel Steigkraft vom Startplatz aufsteigen.
Bei der Startplatzauswahl sollte auch darauf geachtet werden, wie sich das Gelände in der vorhergesagten Fahrtrichtung gestaltet. Sind Berge, Seen, große Wälder, Städte oder auch Naturschutzgebiete zu überfahren, muss der Pilot vorher genau prüfen, ob der Wind schnell genug und genügend Gas an Bord ist, um diese Strecken sicher überwinden zu können. Eine Landung auf dem Berg, im See oder möglicherweise mitten in der Stadt ist sicher nicht jedermanns Sache. Abgesehen davon kann so etwas gefährlich werden und obendrein auch strafbar sein.

Bei winterlichen Hochdrucklagen kann in den Alpentälern meist gut aufgerüstet werden, auch wenn der Wind über die Berggipfel bläst.

Die Einweisung

Auch die Passagiere sind nun einzuweisen. Sie bekommen jetzt erklärt, wie der Aufbau des Ballons vor sich geht. Was in welcher Reihenfolge und wie zusammengebaut werden muss. Während des Aufrüstens sollten sich alle genau an die Anweisungen des Piloten halten. Das verhindert mit Sicherheit ein größeres Durcheinander und das Zusammenbauen und Aufstellen des Ballons geht ruhig, schnell und ohne doppelte Handgriffe vonstatten.

Das Aufrüsten

Nach der grauen Theorie folgt dann sofort die Praxis. Der Korb wird zunächst mit den Gastanks bestückt. Dabei wird jede Flasche so gestellt, dass sich die Schlauchanschlüsse gegenüberstehen, und mit zwei Gurten an den Korbwänden befestigt. Die Anzahl der mitzunehmenden Flaschen ergibt sich aus der Ballongröße, der Zahl der Mitfahrer, der herrschenden Außentemperatur und der peplanten Fahrtdauer.

Als nächstes werden die vier Brennerstützen in die Hülsen auf dem Korbrand gesteckt. Danach wird der Brenner so auf die Stützen gesteckt, dass die Druckanzeigen am Brenner lesbar sind, wenn der Korb zum Aufrüsten gekippt am Boden liegt. Eine andere Methode ist, die Stützen in die Hülsen am Brennerrahmen zu schieben und den Brenner auf die Stäbe zu stellen. Dann können zwei Helfer den Brenner und die Stützkonstruktion an den Stäben fassend in die Hülsen auf dem Korbrand heben.

Dann werden die Korbleinen jeweils links und rechts von den Brennerstützen nach oben geführt und am Brennerrahmen in den vorgesehenen Ösen mit einem Karabinerhaken befestigt.

Die Brennerstützen werden mit den Polsterungen überzogen.

Jetzt schließt der Pilot die Flaschen an die Brennerschläuche an. Dabei ist zu kontrollieren, dass alle Flaschenventile geschlossen sind. Erst dann können die Schlauchkupplungen mit den Flaschenventilen verbunden werden. Als Sicherheitscheck werden nun die Flaschenventile geöffnet. Wenn keine Lecks zu sehen und zu hören sind (bei einem Leck ist ein zischendes Geräusch zu hören und Propangas, das vorher geruchlos ist, kann man dann auch riechen!), werden die Zündflammenventile am Brenner geöffnet, die Pilotflamme angezündet und ihr korrekter Betrieb überprüft. Anschlie-

38

ßend prüft man noch das Fahrventil. Nach diesem Brennertest werden die Flaschenventile geschlossen, die Zündflamme abgedreht und das Schlauchsystem durch Öffnen des Fahrventils am Brenner entleert. Danach wird die Zündflamme abgedreht.

Jetzt können die Polsterungen für die Brennerstützen übergezogen werden. Die Gasschläuche werden mit ihnen ummantelt, um etwaigen Beschädigungen vorzubeugen. Die Korbseile werden ebenfalls von den Polsterungen mit umhüllt, sollen dabei aber möglichst nicht um die Gasschläuche gewickelt sein.

Zum Schluss werden die beschriebenen Bordinstrumente und das Funkgerät eingebaut und auf Funktion überprüft. Die Ballonpapiere, das Kartenmaterial und die restliche notwendige Ausrüstung (diese kann besonders bei Alpenfahrten sehr umfangreich sein) werden sicher verstaut.

Jetzt wird der Korb in Windrichtung vorsichtig auf die Seite gekippt. Die Hülle wird mit vereinten Kräften aus dem Hänger geholt und ca. 4 bis 5 Meter vor Korb und Brenner abgelegt. Die Auslaufleinen und das unterste Hüllenstück werden aus dem Verpackungssack gezo-

Wichtig ist, dass die Hülle zum Füllen vorher sorgfältig auf dem Boden ausgebreitet wird.

gen. Je nach Hersteller ist die Mitte der Hüllenöffnung rot markiert oder die Reihenfolge der Auslaufleinen nummeriert. Entsprechend hängt man jetzt die Auslaufleinen in der richtigen Reihenfolge in die Karabiner am Brennerrahmen ein. Dabei sollte der Pilot darauf achten, dass die Auslaufleinen nicht überkreuzt oder verdreht sind. Die Karabiner werden zugedreht. Jetzt kann der Rest der Hülle aus dem Packsack gezogen werden, und die Kronen- oder Top-Leine wird ausgelegt.

Bei kräftigem Wind sichert der Pilot den Ballon jetzt noch mit dem Quick-Release am Abschlepphaken des Verfolgerfahrzeugs.

Zum besseren Befüllen wird schließlich die Hülle entlang der Lastgurte (nicht am Ballonstoff, da er reißen könnte) so weit wie möglich in die Breite gezogen.

Jetzt kann mit dem Füllen begonnen werden.

Das Füllen

Für das Füllen der Hülle mit kalter Luft wird der Ventilator parallel zum Korb aufgestellt. Je ein Mitglied von Crew oder Passagieren, die mit feuerfesten Handschuhen ausgestattet sind, hält jeweils eine der beiden Seiten der Hüllenöffnung auf. Der Ventilator bläst zunächst mit halber Kraft in die Hüllenöffnung. Damit er nicht umkippt, sollte er von

Zum Füllen wird die Hülle von einem Crewmitglied am unteren Ende aufgehalten.

Der Ventilator wird zum Füllen der Hülle neben dem Korb aufgestellt.

einem Mannschaftsmitglied gehalten werden. Beginnt sich die Hülle zu füllen und wölbt sich nach oben, wird der Parachute geschlossen. Die Klettbandstücke auf der Hülle und dem Parachute, die das Parachute-Ventil während des Füllens an Ort und Stelle halten, werden aufeinandergedrückt. Die Zentrierleinen des Parachutes dürfen nach dem Schließen aller Klettbänder nicht verdreht oder miteinander verheddert sein und die Aufziehleine muss frei über ihre Umlenkrolle laufen. Ein kurzer Blick in die Hülle zeigt dem Piloten, dass hier alles in Ordnung ist. Jetzt wird der Ventilator auf volle Leistung gestellt.
Ein Mitglied der Mannschaft geht nun an die Topleine. Mit der Topleine soll der Ballon während des Heißfüllens möglichst lange am Boden gehalten werden. Außerdem wird so erreicht, dass der "heiße Ballon" sich langsam aufrichtet und nicht unkontrolliert nach oben schnellt. Dabei geht der Mann an der Topleine dem Zug des sich aufrichtenden Ballons nachgebend langsam in Richtung Korb.
Ist der Ballon völlig mit Kaltluft gefüllt, kann mit dem Heißfüllen begonnen werden. Der Pilot öffnet jetzt die Flaschenventile, dann die Zündflammenventile am Brenner und zündet schließlich die Pilotflamme. Mit kurzen Brennerstößen erwärmt der Pilot nun die kalte Luft in der Hülle. Die Helfer an der Hüllenöffnung müssen dabei den Stoff von der Flamme weghalten, um Brandschäden zu vermeiden. Während der Ballon sich nun langsam aufrichtet, steigt der Pilot gleichzeitig in den Korb ein.
Ist der Ballon so heiß, dass er sicher steht, wird das Ende der Topleine an einer der Brennerstützen festgebunden. Die Mannschaft tritt an den Korb, um den stehenden Ballon zu sichern.

Der Parachute wird geschlossen.

Beim Schließen ist darauf zu achten, dass der Stoff des Parachute nicht mit den Lastbändern im Bereich des Top verdreht wird und man sich selbst nicht in den Lastbändern verhängt.

Mit Hilfe von Klettverschlüssen wird er in der Öffnung fixiert.

44

Die Ballonhülle wird mit der Topleine gehalten.

Der Blick des Piloten in die fertig aufgeheizte und aufgerichtete Ballonhülle.

46

Der Pilot kniet zu Beginn des Heizvorgangs zwischen Korb und Brenner am Boden.

45

Der Check

Der Pilot überprüft nochmals die Funktionstüchtigkeit seiner Instrumente und stellt die benötigten Werte (Funkfrequenz, QNH am Höhenmesser) ein. Eine Sprechprobe mit den Funkgeräten zwischen Ballon und Verfolgerfahrzeug ist sinnvoll, um böse Überraschungen während der Fahrt zu vermeiden. Um sich nach dem Start gleich orientieren zu können, werden auch die benötigten Karten zurecht gelegt.

Jetzt können die Passagiere einsteigen und der Ballon wird zur Stabilisierung nochmals aufgeheizt. Mit einem Zug an der Parachute-Leine löst der Pilot die Klettverschlüsse des Parachute, der jetzt allein durch den von der heißen Luft erzeugten Innendruck an seinem Platz gehalten wird.

Der Start

Endlich kann es nun wirklich losgehen. Nach einem Check, ob der Luftraum über dem Ballon frei ist, was besonders wichtig ist, wenn mehrere Ballone gleichzeitig von dem Startplatz abheben wollen, wird der Ballon aufgeheizt. Während dessen hält die Crew den Ballon fest. Dabei muss die Mannschaft darauf achten, dass sich niemand in der Top- oder Parachute-Leine verfangen hat.

Immer wieder lässt die Mannschaft auf Kommando des Piloten den Korb kurz los, um den Auftrieb zu prüfen. Hat der Ballon genügend

■ **Start aus dem Lee.**

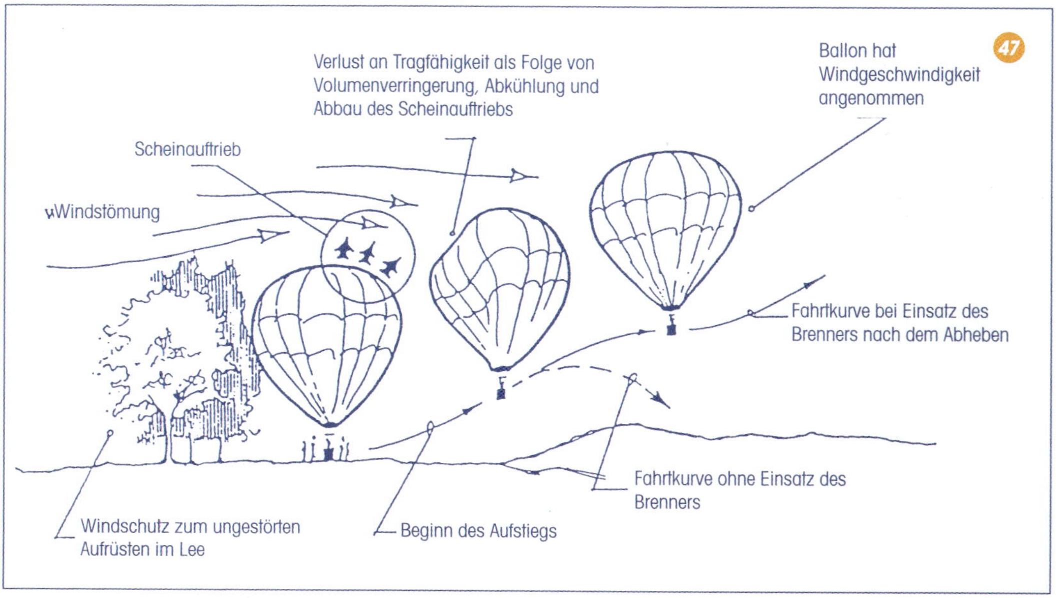

Bei genügend Auftrieb hebt der Ballon vom Boden ab.

Auftrieb für einen sicheren Start, tritt die Crew auf Kommando vom Korb zurück und der Ballon kann steigen.
Bei stärkerem Wind erfolgt der Startvorgang unter zusätzlicher Sicherung mit dem Quick-Release.
Besondere Aufmerksamkeit erfordert der Start bei windigen Wetterlagen. Hier kann eine nicht aerostatische, also eine nicht durch warme Luft bedingte Steigrate vorgetäuscht werden, wenn eine sich schneller bewegende Luftschicht über das Ballontop streicht (Tragflügelef-

fekt). Der Ballon wird also nicht von der warmen Hüllenluft nach oben getragen, sondern durch diese schnelle Luftschicht regelrecht angesaugt. Die so vorgetäuschte Steigrate des Ballons ist nicht vorhanden. Dieser sogenannte *False-Lift* (falscher Auftrieb) findet sich besonders ausgeprägt an gut geschützten Startplätzen (siehe Skizze). Ein sicherer Hinweis auf dieses Phänomen sind sich mehr oder weniger stark bewegende Baumwipfel, während am Boden kaum ein Windhauch zu spüren ist. Lassen die Bedingungen einen False-Lift vermuten, sollte der Pilot darauf achten, mit mehr Steigkraft als erforderlich abzuheben und auch während des anfänglichen Steigens zu heizen, damit die positive Steigkraft anhält, bis eine sichere Höhe erreicht ist.

Die Sicherheitshöhe

Auf eine sichere Höhe ist während der gesamten Fahrt zu achten. Hierbei hilft dem Piloten der Höhenmesser, der ihm die Höhe über Meereshöhe angibt. Grundsätzlich ist die Sicherheitsmindesthöhe von 150 Metern einzuhalten. Jedoch machen es unterschiedliche Gegebenheiten, wie Bebauung, aber auch eine Landeanfahrt, erforderlich, die Höhe zu wechseln. Zu achten ist hier auch auf die Landschaft. Auch das Wetter, insbesondere schneller Wind und einsetzende Thermik sind maßgebend für die Wahl der Höhe.
So empfiehlt es sich bei einem schnellen Wind einen Berg mit ausreichend Sicherheitsabstand zu überfahren, um zu vermeiden, dass der Ballon von den hinter dem Berg abfallenden Winden (sogenannte Lee-Walze) nach unten gerissen und vielleicht in den Wald oder gar gegen den Berghang gedrückt wird.
Für die Wahl einer vernünftigen Höhe sind auch die Tiere dankbar. Nicht nur allein der Schatten des Ballons am Boden, sondern auch das Brennergeräusch kann erschreckend auf Tiere wirken. Es gibt jedoch auch ausgesprochen neugierige Vertreter einzelner Spezien, die keineswegs verängstigt Deckung suchen, sondern dem Ballon buchstäblich nachlaufen, um zu sehen, was hier passiert. Man sollte aber auch festhalten, dass das Bayerische Staatsministerium für Landesentwicklung und Umweltfragen in einem Gutachten festgestellt hat, dass die Belastung der Tierwelt in den meisten Gebieten nur zu einem geringen Bruchteil durch Ballone verursacht wird.

Die Navigation

Während der gesamten Fahrt verfolgt der Pilot mit Hilfe der Karte den Kurs des Ballons. Einen wichtigen Hinweis, welche Karten wahrscheinlich gebraucht werden, gibt dem Piloten die Wetter- und vor allem Windprognose. Am häufigsten werden zur Navigation die Generalkarten verwendet, da sie einen ausgezeichneten Überblick über das wahrscheinliche Fahrtgebiet geben, gleichzeitig aber auch genügend Einzelheiten darstellen, um sicher navigieren zu können.

49

Fly-Tec und GPS (darunter), das Satelliten-Navigationssystem.

Durch Runterschauen und Vergleichen des Gesehenen mit der Karte, bestimmt der Pilot die Position des Ballons (Sichtnavigation). Orientierung bieten hier markante Straßenkreuzungen, eine auffällige Straßenführung, Autobahnen, Seen, Flussläufe und Brücken. Die Ortschaften und Städte lassen sich in ihrer Lage zueinander gut bestimmen. Hat man einmal den Faden etwas verloren und weiß nicht mehr hundertprozentig, wo man sich befindet, sucht man sich sogenannte Auffanglinien in der Karte. Das sind beispielsweise Autobahnen, die quer zur Fahrtrichtung des Ballons liegen oder Eisenbahnschienen, die ebenfalls gut aus der Höhe auszumachen sind. Als zusätzliche Absicherung ist zumindest dem Ungeübten zu empfehlen, sich beim Überfahren markanter Punkte ein Zeichen in die Karte zu machen. So kann er nie völlig die Orientierung verlieren. Die Markierungen in der Karte geben auf alle Fälle die ungefähre Position des Ballons an.

Als zusätzliche Hilfe, insbesondere bei sehr langen und weiten Fahrten, hat sich das GPS (Global Positioning System) bewährt. Dieses Satelliten-Navigationssystem empfängt von verschiedenen Satelliten, deren Position im All es gespeichert hat, Signale, und errechnet mit deren Hilfe seinen gegenwärtigen Standort und damit die Position des Ballons.

Entsprechend den Positionsbestimmungen werden auch die Verfolger auf ihrer Fahrt weitergeleitet. Fährt man mit einem stabilen Wind in eine gut vorhersehbare Richtung, können die Verfolger auch schon mal ein Stück vorausgeschickt werden. Bei sehr langen Fahrten ist man als Verfolger für die so gewährte Pause durchaus dankbar.

Der Treibstoff

Wichtig ist, während der Fahrt auch immer auf den Treibstoff, das Propangas, zu achten. Zum einen ist zu kontrollieren, dass nicht am Ventil der in Gebrauch befindlichen Gasflaschen Gas austritt, denn dann herrscht Brandgefahr. Zum anderen ist immer der Gasvorrat zu überwachen.

Wer es sich nicht merken will, welche Flaschen bereits geleert sind, sollte die benutzten Gastanks markieren. Um die Übersicht zu behalten, ist es zweckmäßig, immer eine Flasche nach der anderen leerzufahren.

Während der Fahrt müssen immer zwei Flaschen angeschlossen sein, damit immer zwei Brenner zur Verfügung stehen. Im Notfall kann dann durch den Einsatz beider Brenner z. B. ein Hindernis schnell überfahren oder der fallende Ballon abgefangen werden.

Um zu gewährleisten, dass die Pilotflamme immer ausreichend mit Gas versorgt wird, werden die sie speisenden Flaschen nie ganz leer gefahren. Zirka 25 % der Gasmenge sollte immer in diesen Flaschen belassen werden. Dies kann leicht an der Füllstandsanzeige der Flasche abgelesen werden.

Diese Flasche oder eine ganz leer gefahrene Flasche wird dann für den Betrieb des Fahrventils umgeschlossen. Dazu wird das Flaschenventil zugedreht. Das sich noch in den Brennerschläuchen befindende Gas wird durch das Fahrventil über den Brenner abgelassen, dann schließt man das Fahrventil. Jetzt kann der Schlauch an die neue Flasche angeschlossen werden. Das Flaschenventil der neuen Flasche wird geöffnet, die Pilotflamme neu gezündet und durch Öffnen des Fahrventils getestet.

Beim Umschließen der Flaschen sollte sich der Ballon leicht im Steigen befinden. So kann in Ruhe die neue Flasche in Betrieb genommen werden. Wenn trotzdem eine schnelle Reaktion erforderlich ist, bevor man mit dem Umschließen fertig ist, ist ja noch der zweite Brenner in Betrieb und einsatzbereit. *Deshalb nie beide angeschlossenen Flaschen gleichzeitig leer fahren, sondern immer nacheinander!*

Auf den beiden letzten Flaschen sollten zum Schluss noch je 25 % Mindestgasmenge sein, um genügend Gas und Zeit für die Landung und ausreichend Sicherheitsreserve für eine eventuell notwendige zweite Landeanfahrt zu haben.

Der Funkkontakt

Während der ganzen Fahrt steht der Pilot mit den verschiedensten Stellen in Funkkontakt. Zum einen ist der Pilot über Funk natürlich mit seinem Verfolger verbunden. Dieser muss ja wissen, wohin er fahren

muss, um nach der Fahrt den Ballon wieder in seinem Hänger verstauen und Pilot und Passagiere zum Ausgangspunkt zurückbringen zu können.
Besonders wichtig ist der Funkkontakt zum Flugplatz, in dessen Kontrollzone man fährt oder einfahren will. Hier ist Funkkontakt vorgeschrieben, der Pilot braucht hier für seine Fahrt die Genehmigung des zuständigen Fluglotsen. So ist der Lotse am Flugplatz immer über die Position des Ballons informiert, kann an- und abfliegende Verkehrsmaschinen sicher für alle Beteiligten starten und landen lassen und so auch dem Ballon eine sichere Weiterfahrt ermöglichen. Es kann aber durchaus passieren, dass der Lotse den Ballonpiloten zur Landung auffordert. Dieser Aufforderung muss dieser unbedingt sobald wie möglich Folge leisten. Das wird meist dann der Fall sein, wenn am Flughafen großer Flugbetrieb herrscht und der Ballon aufgrund seiner Fahrtrichtung den Betrieb zum Erliegen bringen würde.
Bei Fahrten, die über lange Strecken gehen, ist man mit den zuständigen Flugverkehrskontrollstellen in Kontakt. Welche Kontrollstelle gerade zuständig ist und auch die jeweilige Funkfrequenz ist aus der ICAO-Karte zu entnehmen. Meist wird man aber während der Fahrt durch die Fluglotsen von einer Kontrollstelle zur nächsten weitergeleitet. Diesen Stellen gibt man in bestimmten Zeitabständen Position und Höhe des Ballons durch. Auf diese Art kann z. B. für den Fall, dass einmal der Funkkontakt abreißen sollte, die letzte Position des Ballons festgestellt und von dort aus die Suche eingeleitet werden. Auf jeden Fall ist so immer die Position von Ballon und Pilot bekannt.
Die für den Funkkontakt erforderlichen Frequenzen findet man in den mitgeführten Flugsicherungskarten (ICAO-Karten) oder erhält sie vom angefunkten Lotsen genannt, wenn man in das Gebiet einer anderen Kontrollstelle einfährt.
Auch der andere Luftverkehr ist auf diese Art natürlich über den Ballon und seine Position informiert.

Das Steuern

Da der Ballon keinen eigenen Antrieb hat, kann er seine Richtung nur ändern, wenn sich auch die Windrichtung ändert.
Um diese Richtungsänderung in der Luftströmung erkennen und auch nutzen zu können, gehört neben Erfahrung auch viel Fingerspitzengefühl zum Ballonfahren. Auch Geduld und die nötige Ruhe sind Eigenschaften die den guten Piloten auszeichnen. Denn nicht immer sind die Windströmungen so ausgeprägt, dass man sie beim Wechsel der Fahrthöhe sofort auffinden und mit ihrer Hilfe die Fahrtrichtung wechseln kann. Manchmal dauert es sehr lange und es braucht viele vorsichtige Höhenänderungen, um eine neue Strö-

mung zu finden, die den Ballon in die gewünschte Richtung treibt. Besondere Schwierigkeiten bereitet ein Richtungswechsel dann, wenn der Ballon über einer Hochspannungsleitung dahin fährt. Warum das so ist, kann niemand erklären, aber diese Leitungen scheinen auf Ballone eine magische Anziehungskraft auszuüben. Es gibt wohl keinen Piloten, der diese Erfahrung nicht schon gemacht hat.
Zur Richtungsänderung kann der Pilot zum einen örtliche Gegebenheiten, wie Berge bzw. Hügel ausnützen. Über die streicht der Wind ins dahinter liegende Tal, so dass der Pilot den Ballon ins Tal hinunter lenken kann. Dort geht es dann mit dem das Tal entlang wehenden Wind weiter.
Die andere Möglichkeit ist, die Fahrthöhe zu wechseln. In den meisten Fällen gibt es in unterschiedlichen Höhen Wind aus unterschiedlichen Richtungen und natürlich auch mit unterschiedlichen Geschwindigkeiten, so dass man die Fahrtrichtung variieren kann.
Zum Wechsel der Fahrthöhe setzt man Brenner und Parachute ein, je nachdem, ob man steigen oder sinken will.
Will man steigen, wird mit dem Brenner die Luft in der Hülle weiter erhitzt. Je nachdem, wie lange man mit dem Brenner heizt, um so heißer wird die Hüllenluft und um so schneller steigt der Ballon. Muss das Steigen sehr schnell vor sich gehen, öffnet der Pilot beide Brennerflammen und hat damit eine Heizkraft, die einer Leistung von mehreren 1000 PS entspricht. Durch vorsichtigen und kurzen Brennereinsatz steigt der Ballon langsam und gemächlich.
Will der Pilot mit seinem Ballon sinken, weil er durch Abwurf kleiner Papierschnipsel tiefer eine günstige Schicht festgestellt hat, hört er entweder auf zu heizen und wartet, bis die Hüllentemperatur so weit abgesunken ist, dass der Ballon von selbst ins Fallen gerät. Zum Abfangen des Sinkens wird dann je nach Erfordernis wieder mehr oder weniger stark mit dem Brenner geheizt. Oder der Pilot öffnet den Parachute, um heiße Luft aus der Hülle abzulassen und ein schnelles Sinken einzuleiten.
Genaues und zielgerichtetes Steuern des Ballons ist insbesondere wichtig für eine erfolgreiche Landeanfahrt und erfordert deshalb auch schon in der Ausbildung ein ständiges Üben.

Die Landung

Zunächst sei nochmals in Erinnerung gerufen, dass die Landung immer *mit ausreichend Gasvorrat* angegangen werden sollte!
Hat der Pilot einen geeigneten Landeplatz in Sicht, wird der Verfolger informiert, dass der Ballon landen und wo die Landung stattfinden wird. Dann werden alle losen Gegenstände sicher im Korb verstaut.
Grundsätzlich ist bei der Auswahl des Landeplatzes zu berücksichti-

gen, dass der Wind in Bodennähe Richtung und Geschwindigkeit wechseln kann. Um dies festzustellen, kann der Pilot Papierschnipsel aus dem Korb werfen und deren Fallweg beobachten.

Für eine sichere Landung sollte der Landeplatz in der Fahrtrichtung des Ballons keine Hindernisse haben. Eine entsprechende Größe ermöglicht zum einen das problemlose Zusammenlegen des Ballons, zum anderen hat der Pilot im Notfall noch genügend Platz, durchzustarten. Natürlich sollte man, wenn irgend möglich, nicht in einem angebauten Feld oder in der Nähe von Tieren landen, um Schäden zu vermeiden. Besonders geeignet ist ein Platz im Windschatten, beispielsweise hinter einem Wald. Natürlich sollte er auch für die Verfolger gut zugänglich sein, was aber nicht heißt, dass diese dann einfach über die Wiese zum Ballon fahren können. Sie sollten schon darauf achten, ob es nicht Fahrspuren gibt, die sie benutzen können. Vielleicht ist ja auch der Eigentümer des betreffenden Landeplatzes ausfindig zu machen, der das Einfahren erlaubt. Bevor jedoch Schaden angerichtet wird, sollte jeder Pilot so fair sein und den Ballon in zerlegtem Zustand aus dem Landeplatz heraus zum Auto tragen.

Ganz besonders wichtig ist, jetzt die Mitfahrer genau einzuweisen. Sie stehen in jedem Fall zur Landung vor dem Piloten in Fahrtrichtung an der vorderen Kante des Korbes, um immer seine Bewegungs- und Handlungsfreiheit zu gewährleisten. Auch für den Fall, dass der Korb bei der Landung umkippt, muss der Pilot an die Parachute-Leine

Anfahrt auf eine Wiese: Dank des umgebenden Waldes ist hier eine windgeschützte Landung möglich.

51

■ **Beim Landevorgang müssen sich auch eventuell im Korb stehende Passagiere konzentrieren: Denn hat der Ballon noch sehr viel Schwung, kippt der Korb um.**

■ **Ein für Mensch und Ballon nicht ganz ungefährlicher Landeplatz: Direkt neben dem Ballon ist eine alte Feuerstelle mit abgebrannten spitzen und starren Zweigen zu sehen.**

oder den Brenner gelangen können, ohne dass auf ihm liegende Passagiere ihn hier behindern. Als Pilot fällt man, wenn man fällt, immer auf die Passagiere! An den inneren Seilgriffen halten sich die Passagiere fest. Besonders einzuschärfen ist ihnen, sich auf keinen Fall wo anders, zum Beispiel an Brennerschläuchen, Gasflaschen oder Leinen festzuhalten. Um den möglichen Landestoß abzufedern, steht man

52

Das Wiedereinpacken des Ballons kann hin und wieder beschwerlich sein: Hier bläht zum Beispiel starker Wind die Hülle auf. Gut ist das herangefahrene Verfolgerfahrzeug zu sehen.

am besten mit geschlossenen, leicht gebeugten Knien im Korb. Besonders wichtig ist noch, dass die Passagiere auf keinen Fall nach der Landung den Korb sofort verlassen dürfen. Erst auf Anweisung des Piloten steigen sie aus, denn dann ist gewährleitet, dass der Ballon sicher auf der Erde steht und keinen Auftrieb mehr hat. Steigt ein Mitfahrer zu früh aus, wird der Ballon dadurch leichter. Dann kann es passieren, dass der Ballon so kurz nach der Landung noch genügend Auftrieb hat und wieder abhebt.
Jetzt geht es ans Absteigen, wobei man auch hier auf Hindernisse achtet und sie mit ausreichend Abstand überfährt. Wie schnell man absteigt, hängt von der Windgeschwindigkeit ab.
Ist es ruhig, kann man langsam sinken. Der Ballon setzt sanft auf dem Boden auf und bleibt aufrecht stehen.
Bei stärkerem Wind muss entsprechend schneller abgestiegen werden, damit der Ballon nicht über den anvisierten Landeplatz hinweg

treibt. Passiert das einmal, startet der Pilot durch und sucht sich einen neuen Landeplatz, idealer Weise in der Nähe des ersten. Die zweite Landeanfahrt klappt dann auch, wenn man sich vom missglückten Erstversuch nicht aus der Ruhe bringen lässt.
Kippt dann bei der Landung der Korb und wird vom Wind, der die Hülle wie ein Segel bläht, über den Boden geschleppt, ist das im Normalfall auch nicht gefährlich, wenn sich die Passagiere an die Anweisungen des Piloten halten. Wichtig ist, sich hier besonders gut an den Seilschlaufen im Korb festzuhalten.
Wie schnell der Ballon sinkt, kann der Pilot, wie oben beschrieben, mit Brenner und Parachute gut dosieren.
Kurz vor dem Aufsetzen zieht der Pilot die Parachute-Leine und hält sie fest, um durch den geöffneten Parachute so viel heiße Luft abzulassen, bis der Ballon sicher steht. Dann weist man ein Crew-Mitglied an, mit der Top-Leine in Windrichtung vom Korb wegzulaufen. Der Parachute ist noch offen, damit die heiße Luft aus der Hülle entweichen kann. Mit Hilfe der Top-Leine wird die Hülle zu Boden gezogen, wo sie langsam wieder in sich zusammensinkt.
Während dessen schließt der Pilot die Zylinderventile und die Pilotflamme und entleert die Gasschläuche durch Öffnen der Brennerventile.
Dann geht es ans Verpacken des Ballons.

Das Verpacken

Die Gastanks sind geschlossen, die Flammen aus und die Brennerschläuche entleert. Erst dann schaltet der Pilot alle Geräte aus. Zusammen mit allen anderen im Korb mitgeführten Gegenständen werden sie in das Verfolgerfahrzeug geräumt.
Liegt die Hülle am Boden, wird die restliche, noch in ihr befindliche Luft aus ihr herausgedrückt. Hier hat jede Mannschaft ihre eigene Technik. Manche gehen vom Korb aus, die Hülle zwischen Arme und Beine gedrückt, Richtung Parachute. Andere knien am Boden und schlagen die Hülle vom Korb ausgehend in kleinen Stücken in der Mitte zusammen. Meiner Meinung nach geht es am schnellsten, wenn man zu zweit die Hülle zwischen Armen und Beinen hält und die Luft herausdrückt, wobei von der halben Länge der Ballonhülle aus der eine Richtung Parachute und der andere Richtung Korb geht.
Anschließend wird die Hülle, die jetzt wie ein Schlauch daliegt, angefangen beim Top, Stück für Stück in den Packsack gelegt. Zum Schluss werden die Auslaufleinen und die restliche Parachute-Leine ordentlich auf das Bündel gelegt und der Sack verschnürt.
Dann werden Brenner und Korb abgebaut. Ob man auch die Gastanks ausbaut, ist davon abhängig, wie der gesamte Ballon im Hän-

ger verstaut wird. Jedenfalls sollte der Pilot darauf achten, die Brennerschläuche so zu lagern, dass eine Beschädigung ausgeschlossen ist.
Hat man bei der Landung doch Flurschaden angerichtet, sollte man jetzt auf alle Fälle noch versuchen, den Eigentümer des Landeplatzes zu finden und den Schaden zu regeln.

Die Taufe

Für die Passagiere, die zum ersten Mal im Ballon mitgefahren sind, kommt erst jetzt der eigentliche Schlusspunkt der Fahrt, die Ballonfahrertaufe.
In Deutschland wird hier eine alte Ballonfahrertradition gepflegt. Der Täufling wird in den Adelsstand erhoben und bekommt vom Piloten einen speziellen Adelstitel verliehen. Die Fahrt und das Erlebte geben Anregungen für die Namensgebung.
Der Pilot lässt hierzu den Täufling vor sich hinknien und beginnt mit der Zeremonie. Nach einer kurzen Einführung in die Geschichte der Ballonfahrt, erklärt der Pilot die Bedingungen der Taufe: Der Täufling darf fortan nie mehr vom „Ballonfliegen" sprechen, sondern nur noch vom Ballonfahren, und er darf seinen Adelsnamen, der ihm anschließend verliehen wird, nicht mehr vergessen. Bei Zuwiderhandlungen muss er eine „Runde" für alle anwesenden Ballonfahrer zahlen.
Ist der Täufling damit einverstanden, schreitet der Pilot zur eigentlichen Taufe. Mit dem Spruch: „Wir taufen dich mit dem Feuer, das uns in die Höhe bringt, und mit dem Wasser, das uns viel Freude bringt, auf den Namen ...", wird ein kleines Büschel Haare angezündet und mit Sekt oder Bier gelöscht. Dabei darf der frisch gebackene Adelige ruhig ordentlich „mit gelöscht" werden.
Dann kann das neue Mitglied der Ballonfahrerzunft wieder aufstehen und mit den anderen Ballonfahrern anstoßen.

6. Wettbewerbsfahren

Wie in jeder anderen Sportart werden auch beim Ballonfahren Wettbewerbe veranstaltet und Meisterschaften ausgetragen: nationale und internationale Meisterschaften, von den verschiedenen Landesmeisterschaften, der Deutschen Meisterschaft, der Europameisterschaft bis hin zur Weltmeisterschaft.
Um sich für die Teilnahme daran zu qualifizieren, muss der Pilot jeweils bestimmte Kriterien erfüllen.
Allen Wettbewerben liegt ein vom internationalen Verband FAI (Federation Aeronautique International) festgelegtes Reglement und der Code Sportive zugrunde. Darin sind insbesondere die Fairness der Sportler untereinander, mögliche Sportstrafen und die Aufgaben der Schiedsrichter, der sogenannten *Observer*, geregelt.

Das Briefing findet hier direkt am Startplatz statt.

Auch ein Zielkreis erfüllt seinen Zweck.

Der Traum eines jeden Wettbewerbspiloten: Das Zielkreuz punktgenau zu treffen!

Auch die bei einem Wettbewerb möglichen Aufgaben (*Tasks*) sind darin beschrieben.
Welche Aufgaben zu fahren sind, erfahren die Piloten beim *Briefing* vom Wettbewerbsleiter. Außer den Piloten nehmen daran auch die Observer teil.
Grundsätzlich geht es bei den Aufgaben um Zielgenauigkeit. Um diese messen zu können, erhalten die Piloten sogenannte *Marker*, die beim jeweiligen Ziel so nah wie möglich aus dem Korb abgeworfen werden. Die Marker bestehen aus einem etwa 80 g schweren Sandsäckchen, an das eine 1 m lange Fahne angenäht ist. Gefertigt sind die Marker aus verschieden farbigem Ballonstoff, so dass jeder Aufgabe eine bestimmte Farbe von der Wettkampfleitung zugewiesen werden kann.
Hinter jedem Task steht für den Piloten die Aufgabe, ein Ziel möglichst genau anzufahren. Entweder ist das Ziel vorgegeben, der Pilot muss es sich selbst suchen und dann vor dem Start die Koordinaten bei der Wettkampfleitung abgeben, oder er muss in einem

Der offizielle Startplatz der Heißluft-Weltmeisterschaft 1989 in Saga/Japan mit den ausgelegten Startplatznummern.

Wertungsgebiet versuchen, die zum Startplatz weiteste Strecke zurückzulegen. Ein Ziel kann eine Straßenkreuzung oder ein aus großen Stoffbahnen gelegtes Zielkreuz sein.
Folgende Aufgaben können vom Wettbewerbsleiter gestellt werden:
Das *Fly-In*: Hier gibt das Ziel der Wettkampfleiter vor. Das Zielkreuz liegt meist auf dem von der Wettkampfleitung offiziell benannten Startplatz. Die Piloten müssen sich entsprechend der günstigsten Windrichtung einen neuen Startplatz wählen, der innerhalb einer festgelegten Minimal- und Maximalentfernung liegen muss.
Beim *Fly-On* dagegen sucht sich der Pilot sein Ziel selbst aus. Da dieser Task immer im Anschluss an eine andere Aufgabe gefahren wird, muss der Pilot die Koordinaten seines Ziels bereits auf den Marker der vorherigen Aufgabe schreiben. Er hat hier keine Möglichkeit mehr, sich im Nachhinein ein anderes Ziel zu suchen, wenn er merkt, dass er das zunächst gewählte Ziel nicht erreichen kann.
Beim *Pilot Declared Goal* erfolgt der Start der Ballone vom offiziellen Startplatz aus. Vor dem Start muss der Pilot zu einer vorher festgelegten Zeit die Koordinaten des von ihm gewählten Ziels bei der Wettkampfleitung hinterlegen. Eine nachträgliche Änderung ist auch hier nicht mehr möglich.
Im Gegensatz dazu wird beim *Judge Declared Goal* wieder das Ziel vorgegeben. Alle Ballone starten vom offiziellen Startplatz aus. Werden bei dieser Aufgabe mehrere Ziele vorgegeben, von denen sich der Pilot eines aussuchen kann, ist das eine sogenannte *Hesitation Walz*, eine Qual der Wahl. Beim *Ellbogen* soll mit dem Ballon eine möglichst große Richtungsänderung gefahren werden.

Schließlich gibt es *zeitlich oder räumlich begrenzte Weitfahrten*. Innerhalb eines festgelegten Gebietes muss der Pilot versuchen, innerhalb der festgelegten Zeit eine möglichst große Strecke mit dem Ballon zurückzulegen, oder den weitest entfernten Punkt zu erreichen. In beiden Fällen wird die erzielte Entfernung zum offiziellen Startplatz hin ausgemessen. Der *Calculate Rate Approach Task* ist eine Mischung aus beidem. Hier sind verschiedene Wertungsgebiete vorgegeben, in denen jeweils immer nur zu bestimmten Zeiten eine Wertung erzielt werden kann. Die Schwierigkeit für den Piloten liegt darin, dass er genau kalkulieren muss, wie lange er von seinem Startplatz aus bei den herrschenden Windgeschwindigkeiten zu einem jeweils gültigen Wertungsgebiet braucht. Danach muss er seinen Startzeitpunkt festlegen und darauf vertrauen, dass sich die Windbedingungen nicht wesentlich ändern.
Bei der Minimum Distance kommt es darauf an, in einer bestimmten Zeit eine möglichst geringe Strecke zurückzulegen. Zwischen diesen Aufgaben sind die unterschiedlichsten Kombinationen möglich. Die erzielten Wertungen werden von dem jedem Piloten mitgegebenen Observer festgehalten und anschließend von der Wettkampfleitung ausgewertet. Ausschlaggebend für die Messung des Observers ist der Landepunkt des zur jeweiligen Aufgabe gehörenden Markers. Besonders einfach ist es, wenn zum Ziel direkt gemessen werden kann, weil der Marker sehr nahe liegt. Schwieriger wird es, wenn der Marker weit vom Ziel entfernt liegt. Dann muss zu einem kartensicheren Punkt gemessen werden, der sich in der Nähe des Markers befindet. Ein solcher Punkt ist beispielsweise eine Straßenkreuzung, die sich in der offiziellen Wettkampfkarte genau definieren lässt. Die eigentliche Entfernung zum Ziel wird dann mit Hilfe dieser Messung durch die Wettkampfleitung ermittelt.
Das erzielte Ergebnis wird für jeden Piloten in ein Punktesystem umgerechnet, bei dem der Beste 1000 Punkte für die Aufgabe erhält. Am besten wäre es natürlich, bei jeder Aufgabe 1000 Punkte zu erzielen. Das ist jedoch meist nicht möglich. Zu viele Unwägbarkeiten spielen bei einer Zielanfahrt eine Rolle. Herr des Geschehens bleibt auch hier der Wind. Es gibt wohl kaum einen Wettbewerbspiloten, der das Ziel nicht schon in greifbarer Nähe hatte und den dann eine plötzliche Windböe doch noch am Ziel vorbei getragen hat. Allein entscheidend ist also, die vorhandenen Windverhältnisse so optimal wie möglich auszunutzen.
Bester eines Wettbewerbs und damit Gewinner ist der Pilot, der durchgängig gute Wertungen und am wenigsten schlechte Ergebnisse erzielt hat, und somit die meisten Punkte auf dem Konto hat. Hierzu gehören viel Erfahrung und Fingerspitzengefühl beim Steuern des Ballons.

7.

Alpines Ballonfahren

Ein besonderes Erlebnis ist das Ballonfahren in den Alpen. Damit es auch ein sicheres Erlebnis wird, muss der Pilot zusätzlich ein paar Dinge berücksichtigen.

Die Ausrüstung

Ein wichtiger Punkt ist die Ausrüstung, die zusätzlich zu dem im 2. Kapitel beschriebenen Ballon-Equipment erforderlich ist.
Für den Verfolger sollte ein *geländegängiges Auto* zur Verfügung stehen. Dies gilt besonders für Winterfahrten, aber auch in den anderen Jahreszeiten ist ein gutes Auto hier sehr wichtig, damit die Alpenstraßen problemlos befahren werden können. Im Winter sind natürlich auch passende Schneeketten einzupacken.
Für den Piloten und die anderen Mitfahrer sind *warme Kleidung und Sonnenschutz* erforderlich, da in großen Höhen gefahren wird, wo es kälter als am Startplatz und wo die Sonneneinstrahlung viel intensiver ist. Da ab einer Höhe von 3600 Meter der Sauerstoffgehalt der umgebenden Luft nicht mehr ausreichend ist, muss unbedingt genügend Sauerstoff für alle Mitfahrer mitgenommen werden.
Gerade auch im Winter ist es erforderlich, die *Gasflaschen zusätzlich mit Stickstoff* zu beaufschlagen, um den erforderlichen Druck für den Brenner bei größerer Kälte und in größerer Höhe zu gewährleisten.
Zusätzlich zu den schon beschriebenen Instrumenten ist auf jeden Fall ein *Transponder* mitzunehmen. Dabei handelt es sich um ein Sekundärradar, das es der für die jeweilige Fahrtstrecke zuständigen Flugsicherungsstelle ermöglicht, Position und Höhe des Ballons auf dem Radarschirm zu sehen und den übrigen Flugverkehr danach zu leiten.
Eine Erleichterung bei der Navigation bietet das *GPS*. Es zeigt dem Piloten den jeweiligen Standort, die Fahrtrichtung und die Geschwindigkeit an. Trotzdem sollte der Pilot nebenher terrestrisch,

Dieser Korb ist für eine lange Alpenfahrt gerüstet (11 Gasflaschen!): Für den Pilot bleibt zum Stehen kaum noch Platz.

d. h. anhand der Karte, navigieren, um auch bei einem Ausfall des GPS seine Position bestimmen zu können. Dabei empfiehlt es sich gerade in den Alpen, immer wieder mit Punkten die Fahrtstrecke auf der Karte zu markieren. Neben jede dieser Markierungen schreibt man sich am besten die Uhrzeit, zu der der entsprechende Punkt überfahren worden ist. So wird vermieden, dass man völlig hilflos ist, sollte das GPS ausfallen und man sich nicht gleich auf der

Karte zurecht finden. Verbindet man die eingetragenen Punkte mit einer Linie, hat man schon einmal die ungefähre Richtung, in die der Ballon fährt. Die Windgeschwindigkeit kann aus diesen Daten errechnet werden. Aus der Zeit, die zwischen der letzten Karteneintragung und dieser Notsituation vergangen ist und der Windgeschwindigkeit kann dann die zurückgelegte Strecke berechnet werden. Gemäß dem Maßstab der verwendeten Karte kann der Pilot die errechnete Strecke an die Eintragungen in der Karte anfügen. Die Kartenposition findet sich dann auch am Boden wieder, charakteristische Straßen, Kreuzungen oder auch eine Eisenbahnlinie, die man zuvor in der Aufregung einfach nicht gesehen hat.
Ohne immer gleich vom Schlimmsten auszugehen, ist bei einer Fahrt in den Alpen immer eine *alpine Notausrüstung* dabei. Sie enthält Essen, Leuchtraketen, Schlafsack, Campingkocher und ähnliche Dinge, für den Fall, dass man in unwegsamem Gelände landen muss und möglicherweise schwer zu finden ist oder erst am nächsten Tag geborgen werden kann. Selbstverständlich darf man auch die normale *Verpflegung* nicht vergessen. Außer genügend zu essen ist vor allem ausreichend Flüssigkeit mitzunehmen, da in der Höhe die Austrocknung des Körpers viel schneller vor sich geht als am Boden. Erstes Anzeichen dafür, dass man zu wenig getrunken hat, ist leichtes Kopfweh. Durch ausreichendes Trinken ist das aber schnell wieder beseitigt.

Das Wetter

Besonderes Augenmerk verdient das Wetter in den Alpen. Eine *ausführliche Wetterberatung* ist absolutes Muss.
Unbedingt zu erfragen ist die *vorherrschende Windrichtung*. Sie ist entscheidend dafür, ob der Pilot am Ende der Fahrt sicheres Landegelände erreicht, oder ob die Fahrt in unwegsames Gelände führt. Das macht dann im schlimmsten Fall nach der Landung eine Bergung von Ballon und Mannschaft mit dem Hubschrauber erforderlich. Von entscheidender Bedeutung sind hier natürlich auch die *Windgeschwindigkeiten*. Danach richtet sich, ob eine Alpenüberquerung oder nur eine Fahrt ins nächste Tal gemacht werden kann. Sind die Windgeschwindigkeiten sehr niedrig, aber ansonsten wunderschönes Wetter, kann man vielleicht eine *Fahrt im Tal* wagen, sofern das Tal sehr breit ist. Der Pilot muss sich aber im klaren darüber sein, dass er bei dem geringen Wind das Tal auf keinen Fall verlassen sollte. Das bedeutet eine Ballonfahrt in geringen Höhen, um zu vermeiden, dass die Hangwinde den Ballon erfassen und ihn in die Höhe ziehen. Wenn dann oben die Möglichkeit besteht wieder in die Talmitte zu fahren und zum Talboden abzusteigen, ist die Fahrt

■ **Optimales Wetter über dem Ennstal (Steiermark/Österreich).**

■ **Nicht ganz ungefährlich wäre ein Abstieg in eines dieser nebelverhangenen Alpentäler.**

noch einmal gut geglückt. Ist das aber nicht möglich, wird wohl eine Landung im Berg und eine schwierige und teuere Bergung mit dem Helikopter erforderlich. Da die Unwägbarkeiten eigentlich zu groß sind, sollte man unter diesen Bedingungen lieber auf eine Ballonfahrt verzichten. Der nächste Tag bietet vielleicht schon ideales Wetter für eine Alpenfahrt.
Aufgrund der topographischen Gegebenheiten kann der Wind über den Berggipfeln aber auch enorme Geschwindigkeiten erreichen, sobald man mit dem Ballon unter Gipfelhöhe sinkt, möglicherweise auch abrupt langsamer werden. In solchen *Scherungen* wird der Ballon stark verformt. Deshalb ist immer darauf zu achten, dass die Luft in der Hülle nie zu stark abkühlt und der Innendruck der Hülle so hoch ist, dass sie stabil in Form bleibt und nicht kollabiert. Sind die herrschenden Windgeschwindigkeiten jedoch zu unterschiedlich, verbietet sich eine Fahrt von selbst, da extreme Scherungen eine Hülle zerreißen können.
Auch auf die sogenannten *Talwinde* ist zu achten. Sonnenbeschienene Hänge erwärmen sich stark, es bilden sich Thermikblasen, die Luft steigt den Hang hinauf und zieht den Ballon mit in die Höhe. Im Gegensatz dazu fließt der Wind an den Schattenhängen ins Tal hinab und zieht den Ballon mit hinunter.
Hohe Windgeschwindigkeiten über den Berggipfeln lassen an den Lee-Seiten der Berge starke Verwirbelungen, sogenannte *Rotoren*, entstehen, die einen niedrig über die Gipfel fahrenden Ballon mit in die Tiefe reißen und gegen den Hang drücken können. Deshalb müssen die Gipfel mit genügend Abstand überfahren werden. Als *Faustregel* gelten:

- mindestens 1000 ft bzw. 150 m Spielraum je 15 Knoten Wind zwischen Berggipfel und Ballon

Bei einer Windgeschwindigkeit von 30 Knoten ist der Berggipfel in einem Abstand von 300 Metern zu überfahren.
Ebenfalls zu bedenken gilt, dass es in den Tälern völlig unterschiedliche Sichtverhältnisse geben kann. Im Extremfall herrscht in dem Tal, aus dem man gestartet ist, strahlender Sonnenschein; das Tal hingegen, das der Pilot sich zur Landung ausgesucht hat, ist völlig im Nebel verschwunden. In dieser Situation ist es schon mal beruhigend, wenn der eigene Verfolger schon in dem Tal ist und dem Piloten zumindest sagen kann, dass es von keinen Hochspannungsleitungen durchzogen wird. Ist dies der Fall, prüft man zuerst, ob man das nächste Tal erreichen kann, wo die Wetterbedingungen besser sind. Wenn das nicht mehr möglich ist, weil der Gasvorrat zu Ende geht oder der Wind sich geändert hat, dann muss man wohl oder übel mit größter Vorsicht am Berg landen.

Die Landung

Grundsätzlich wird man immer versuchen, im Tal zu landen. Dazu fährt man in der Höhe weit in die Talmitte hinein und läßt dann den Ballon schnell sinken. Dies geschieht mittels eines kräftigen Zuges an der Parachute-Leine. So vermeidet der Pilot, dass der Ballon durch die Hangwinde doch erfasst und wieder nach oben gezogen oder gegen den Berghang gedrückt wird. Sollte dieses Manöver nicht gelingen oder aus welchem Grund auch immer nicht mehr möglich sein, ist man gezwungen auf dem oder am Berg zu landen. Auch hier gilt natürlich, sich, wenn möglich, ein einigermaßen vernünftiges Landegelände, z. B. eine Almwiese zu suchen. Hier besteht dann vielleicht auch die Möglichkeit, den Ballon mit Hilfe des Verfolgers zu bergen. Hat man nur noch die Möglichkeit, in unwegsamem Gelände herunterzukommen, muss zur Bergung ein Helikopter angefordert werden. Kann die Bergung nicht mehr bei Tageslicht erfolgen, muss man auf jeden Fall beim Ballon bleiben. Man vermeidet so Gefahr für Leib und Leben durch einen Absturz in der Finsternis. Man kann den Helfern über Funk nützliche Hinweise über den Landeort des Ballons geben und macht nicht auch noch eine gesonderte Suche und Bergung von Pilot und Mitfahrern erforderlich.

Ist das Tal verschneit und nicht von der Sonne beschienen, staut sich dort die kalte Luft und bildet einen regelrechten See. Nach einer langen Alpenfahrt ist der Gasvorrat weitgehend aufgebraucht und der Ballon damit auch wesentlich leichter. Durch die kalte Außenluft ist auch kein kräftiges Heizen erforderlich, um den Ballon sofort zu Steigen zu bringen. Steigt der Pilot in solch einer Situation zu langsam ab, bremst der Kaltluftsee den Ballon ab. Der Ballon sitzt regelrecht auf diesem Kaltluftpolster auf. Der Ballon muss also mit genügend Geschwindigkeit sinken, um in die kalte Luft eintauchen zu können. Mit viel Fingerspitzengefühl muss der Pilot den Ballon für die Landung abbremsen. Er darf nur ganz wenig heizen, um zu verhindern, dass der Ballon wieder zu steigen beginnt. Manchmal ist hier eine harte Landung unvermeidlich, aber in jedem Fall besser, als dass man mit fast leeren Gasflaschen eine zweite Landung in den Bergen versuchen muss.

Diese Dinge muss man wissen und vor einer Alpenfahrt bedenken. Ein in den Alpen unerfahrener Pilot sollte sich deshalb für seine ersten Alpenfahrten immer mit einem erfahrenen Piloten zusammentun. Trotzdem sollte sich niemand davon abhalten lassen, bei geeignetem Wetter wunderschöne Gebirgsfahrten zu machen. In jedem Fall lockt die Aussicht auf ein überwältigendes Panorama.

8. Verhalten in besonderen Fällen

Trotz des sehr hohen Sicherheitsstandards, den das Ballonfahren auszeichnet, und trotz ordentlich gewarteter Ballone sind Notfälle während der Fahrt durch Versagen der Ausrüstung möglich, jedoch sehr selten. Notfälle die wetterbedingt sind, können durch richtige Fahrtplanung und vernünftige Beurteilung des Wetters durch den Piloten verhindert werden. Jedoch muss der Pilot auch bei überraschendem Eintritt einer extremen Wettersituation wissen, was zu tun ist.
Die richtigen Reaktionen bei plötzlichen technischen Problemen werden schon in der Ausbildung intensiv mit dem Ballonschüler geübt.

Brennerprobleme

Da sind zunächst einmal Schwierigkeiten mit dem Brennersystem. Verschiedene Fälle sind denkbar:

a) Ausfall der Pilotflamme
In diesem Fall ist zu prüfen:

1.) Ist die angeschlossene Gasflasche getankt?
2.) Ist das Gasphasenventil an der Flasche und gegebenenfalls am Brenner geöffnet?
3.) Sind die Zündflammenschläuche richtig an der Flasche angeschlossen?
4.) Kann die Flamme erneut gezündet werden? (Hilfreich kann hier der sogenannte *Cross-Flow* sein. Der Pilot hat dabei mittels eines Hebels, der sich zwischen den Brennersystemen befindet, beide Brenner zusammengeschaltet. Beim Zünden des funktionstüchtigen Brenners setzt die Flamme auch die nicht brennende Zündflamme des anderen Brenners in Brand. Hat der Brenner eine Flüstereinheit, kann der Pilot dieses Ventil etwas öffnen und mit einer externen Zündquelle – z. B. Gasanzünder, Streichhölzer – zünden.)

b) Das Fahrventil ist defekt
Es kann z. B. ein Leck haben oder vereist und eingefroren sein. Folgende Maßnahmen können helfen:

1.) Versuchen Sie, mit dem Cross-Flow zu fahren und mit dem funktionierenden Fahrventil beide Brenner zu betreiben.
2.) Für den Fall, dass dies nicht möglich ist, kann der Pilot mit dem Flaschenventil fahren. Durch Öffnen des Flaschenventils wird der Brenner in Betrieb gesetzt, durch Schließen verlöscht die Hauptflamme. Um nicht auch noch die Pilotflamme zum Verlöschen zu bringen, ist es wichtig, das Fahrventil nur soweit zu schließen, dass zur Speisung der Pilotflamme noch etwas Gas ausströmen kann.

Grundsätzlich ist beim Auftreten solcher Probleme so schnell wie möglich zu landen.

c)Totalausfall des Brenners
Folgende Maßnahmen sind zu treffen:

1.) Zuerst die Flaschen schließen und die Schläuche entleeren.
2.) Alle losen Gegenstände möglichst sicher im Korb verstauen.
3.) Die Mitfahrer anweisen, sich auf eine harte Landung einzustellen. (Sie müssen unbedingt mit geschlossenen, aber leicht gebeugten Knien dastehen, da so der Aufprall des ungebremst am Boden aufschlagenden Ballons am besten aufgefangen werden kann. An den Seilschlaufen halten sie sich so fest, wie nur möglich an.)
4.) Knapp über dem Boden und ohne Rücksicht, wo der Ballon aufsetzen wird, muss der Pilot den Parachute weit öffnen, damit die Luft sofort aus der Hülle entweichen kann und der Ballon sich nach dem Aufprall möglichst nicht noch einmal in die Luft erhebt. (Nach dem ersten Aufprall stehen die Passagiere häufig nicht mehr sicher, so dass ein weiterer Aufsetzer häufig Verletzungen und Knochenbrüche nach sich zieht.)

Feuer

Mit dem Propangas an Bord kann im Korb auch einmal Feuer ausbrechen. Deshalb ist es für den Piloten grundsätzlich zu empfehlen, *Schutzkleidung* aus schwer entflammbarem Material (Nomex) und Handschuhe zu tragen, um im Brandfall eingreifen zu können. Es ist zwar nicht vorgeschrieben, diese Schutzkleidung zu tragen, aber äußerst sinnvoll.
Grund für einen Brand ist ein Leck irgendwo in Gasleitungssystem.

Vor dem Start

1.) Ist das Feuer noch am Boden ausgebrochen, sind sofort die Flaschenventile zu schließen, um die weitere Gaszufuhr zu unterbinden.
2.) Mit dem Feuerlöscher oder einer Löschdecke das Feuer ersticken.
3.) Gelingt dies nicht, muss sofort der Ballon verlassen werden, da ein hohes Explosionsrisiko besteht.

In der Luft

1.) Flaschenventile schließen, um die weitere Gaszufuhr zu unterbinden.
2.) Mit dem Feuerlöscher oder einer Löschdecke das Feuer ersticken.
3.) Wird die Ursache des Feuers gefunden und abgestellt, kann die betroffene Pilotflamme wieder gezündet werden, anderenfalls muss der Pilot auf den weiteren Einsatz dieses Brenners verzichten.
4.) Schnellst möglich landen, um jede weitere Gefährdung auszuschließen.

Thermik

Auch extreme Wettersituationen erfordern schnelles und überlegtes Handeln.
Wie bereits beschrieben, ist Ballonfahren in der Thermik äußerst problematisch und gefährlich. Bei einer Morgenfahrt lässt es sich aber manchmal nicht vermeiden, insbesondere dann, wenn die Thermik unvorhersehbar früher einsetzt als prognostiziert.
Wichtig ist, daran zu denken, auch dann zu heizen, wenn der Ballon mit einer Thermikblase nach oben gerissen wird. So wird vermieden, dass die Hülle zu stark abkühlt und der Ballon, sobald er nicht mehr von der Thermik nach oben getragen wird, unvermittelt nach unten durchfällt. Dies würde sofortigen Brennereinsatz, unter Umständen mit dem Doppelbrenner, erfordern, was leicht zum Überheizen und wieder, zum diesmal selbst verursachten unkontrollierten Steigen führen kann. Die Fahrt des Ballons wäre hier nur noch schwer wieder zu stabilisieren. Um diese Auswirkungen möglichst abzuschwächen und abzukürzen, muss der Pilot, wenn er in die Thermik gerät, durch einen beherzten Abstieg die nächste Landemöglichkeit unbedingt nutzen.

Überheizter Ballon

Wenn der Ballon korrekt beladen ist und nicht an der Lastgrenze gefahren wird, ist ein Überheizen während der Fahrt sehr unwahrscheinlich. Um das zu gewährleisten, ist vor jeder Fahrt eine *Traglastberechnung* mit den konkreten Gewichts- und Temperaturwerten vorzunehmen.
Fällt jedoch trotz allem die Temperaturfahne aus dem Hüllentop herunter, zeigt dies, dass die für den jeweiligen Hüllenstoff zulässige Höchsttemperatur überschritten wurde. Um die weitere Überlastung der Hülle möglichst gering zu halten, ist wichtig dass:

1.) auf die niedrigst mögliche Höhe abgestiegen wird
2.) erneutes Steigen vermieden wird
3.) der Pilot nur noch mäßig heizt
4.) so bald wie möglich gelandet wird

Da hier die Hülle übermäßig belastet wurde, sind vor der nächsten Fahrt nicht nur eine neue Temperaturfahne anzubringen, sondern insbesondere eine gründliche Inspektion der Hülle auf Beschädigungen hin vorzunehmen und dann die erforderlichen Wartungsarbeiten (siehe Kapitel 2) durchführen zu lassen.

Fahrt durch Baumkronen

Sollte es unvermeidlich sein (z. B. bei einer Landung in aufkommender Thermik) mit dem Korb durch die Baumkronen zu streifen, dann unbedingt:

In unmittelbarer Nähe von Baumkronen ist beim Heizen Vorsicht angesagt – allzu leicht könnte die Brennerflamme trockene Zweige entflammen.

1.) Top- und Parachute-Leine sichern (damit sich keine Zweige darin verhaken können).
2.) Nur äußerst vorsichtig heizen (um nicht eventuell trockene Zweige durch die Brennerflamme in Brand zu stecken).

Windstille

Das gerade Gesagte gilt natürlich auch, wenn bei Windstille eine Waldlandung erforderlich wird. Dann:

1.) Brenner vor dem endgültigen Eintauchen in den Wald ausschalten
2.) Flaschenventile schließen

Sind am Boden Helfer zur Stelle, können diese mit dem Wurfseil den Ballon nach den Anweisungen des Piloten vorsichtig zu Boden ziehen. Um beim Eintauchen zwischen die Bäume Schäden an der Hülle zu vermeiden, empfiehlt es sich oft, den Parachute zu öffnen und dadurch den Hüllendruck zu verringern. So können sich Äste kaum in den Hüllenstoff bohren und Löcher reißen.

Hochspannungsleitung

Bei einer Annäherung an ein gefährliches Hindernis, wie eine Hochspannungsleitung, ist das oberste Gebot:

- *Man muss augenblicklich entscheiden, ob man der Gefahr durch Steigen oder Sinken begegnen will/kann.*

Um eine solche Entscheidung auch schnell treffen zu können, sollte man sich immer zwei Punkte vor Augen halten: Zum einen ist es einfacher, die momentane vertikale Bewegungsrichtung des Ballons beizubehalten und zu beschleunigen, als diese Bewegung umzukehren und den Ballon zum Fallen zu bringen. Zum anderen reagiert der Ballon bei horizontaler Fahrt schneller zum Sinken als zum Steigen.

- *Im Zweifelsfall immer* absteigen *statt aufsteigen!*

Auch wenn die Kollision mit der Stromleitung unvermeidbar ist, kommt die Leitung nur mit der Hülle in Kontakt und nicht mit dem Korb. Kollidiert der Korb mit der Stromleitung, besteht nicht nur die Gefahr eines Brandes, sondern auch die Gefahr, dass die Leitungen

62

■ **Vorsicht Hochspannung: Stromleitungen stellen einen der größten Gefahrenmomente beim Ballonfahren dar.**

die Auslaufleinen der Hülle durchtrennen und der Korb mit seinen Insassen abstürzt.
Entscheidend ist bei einer Kollision mit Stromleitungen, dass von den Korbinsassen keine Metallteile berührt werden. Wenn der Korb sicher am Boden steht, sollte man möglichst im Korb bleiben, bis der Strom abgeschaltet worden ist. Auch die Crew-Mitglieder sollten den Korb nicht berühren. Bei einem Brand im Korb ist dieser natürlich so schnell wie möglich zu verlassen.

Enger Landeplatz

Manchmal steht nur ein kleiner und enger Landeplatz zur Verfügung.
In einem solchen Fall muss der Platz mit möglichst hoher Sinkrate angefahren werden. Der Parachute sollte kurz vor dem Eintauchen in den Landeplatz soweit wie möglich geöffnet sein, um möglichst viel heiße Luft abzulassen und so den Druck auf die Hülle zu verringern. So werden fast immer eine Beschädigung der Hülle oder Verletzungen der Mitfahrer durch Baumäste oder sonstige Hindernisse vermieden (siehe hierzu auch unter Problemfall »Windstille«).

Kollision von Ballonen

Dies kann einmal auftreten, wenn wie beispielsweise bei einem Wettbewerb viele Ballone sich auf begrenztem Raum in der Luft bewegen.
Eine solche Kollision ist unproblematisch und völlig ungefährlich, wenn sich die Ballone Hülle an Hülle berühren.
Vorsicht geboten ist allerdings beim Steigen und Fallen, weil sich hier Hülle und Korb berühren können. Hierbei besteht die Gefahr, dass der Korb die Hülle oberhalb des Äquators beschädigt. Dies ist problematisch, da hier die heiße Luft sehr schnell aus der Hülle strömen und der Verlust durch verstärktes Heizen kaum kompensiert werden kann. Ein schneller Abstieg, der vielleicht wiederum weitere Ballone gefährdet und eine harte Landung in vielleicht völlig ungeeignetem Gelände sind oft die Folgen. Verletzungen sind hier nicht auszuschließen.
Ist die Hülle in einem guten Allgemeinzustand führt ein solches Loch in keinem Fall zu einem unkontrollierbaren Absturz. Ist der Stoff aber brüchig und weist nicht mehr die erforderliche Reißfestigkeit auf, führt eine solche Kollision dazu, dass die Hülle reißt und kollabiert, und der Ballon wirklich abstürzt. Bei einem sorgfältigen, verantwortungsbewußten Umgang mit dem Ballon ist so etwas aber auszuschließen.

Prinzipiell kann aber zu diesem Kapitel gesagt werden, dass ein Ballon an sich ein sehr „gutmütiges" Luftfahrtgerät ist, und schon sehr viel passieren muss, bis es wirklich einmal zu einem Absturz kommt.

Die Hülle ist nach einer Kollision mit einem anderen Ballonkorb stark beschädigt. Das Loch (rechts oben) von sicher 4 m^2 Größe bringt den Ballon jedoch nicht unweigerlich zum Absturz. Der Pilot kann, wenn auch ziemlich unsanft, landen.

63
CASINOS AS

9. Schulung

Um einen Ballon sicher beherrschen zu lernen, ist eine umfassende Ausbildung zu absolvieren.
Wo in den einzelnen Bundesländern man sich jeweils zum Ballonpiloten ausbilden lassen kann, erfährt man grundsätzlich bei den Luftämtern oder natürlich auch beim Deutschen Freiballon-Sport-Verband. Die entsprechenden Adressen finden sich in Kapitel 13 am Ende des Buches.

Die Voraussetzungen

Um überhaupt den Pilotenschein erhalten zu können, muss man 18 Jahre alt sein. Bereits mit 17 Jahren ist es aber möglich, sich zur Ausbildung anzumelden.
Um damit beginnen zu können, muss der zukünftige Pilot zunächst einmal Mitglied in einem Verein sein, der für die Ausbildung neuer Piloten vom zuständigen Luftamt zugelassen ist und natürlich auch Schulungsmöglichkeiten anbietet. Eine andere Ausbildungsmöglichkeit bieten Flugschulen, die sich auf die Ausbildung von Ballonpiloten spezialisiert haben.
Als nächstes ist dann ein Arzt aufzusuchen, der eine fliegerärztliche Tauglichkeitsuntersuchung durchführen darf. Welcher Arzt dazu befugt ist, erfährt man am einfachsten von anderen Piloten oder in seinem Verein. Von diesem Arzt wird dann ein Gesundheits-Check vorgenommen, der neben Tests der körperlichen Fitness auch umfangreiche Seh- und Hörtests umfasst.
Bei der jeweiligen Wohnortgemeinde muss schließlich ein polizeiliches Führungszeugnis beantragt werden.
Durch seinen Ausbildungsleiter reicht der Verein dann den Ausbildungsantrag zusammen mit dem fliegerärztlichen Tauglichkeitszeugnis und dem polizeilichen Führungszeugnis beim zuständigen Luftamt ein. Ist alles in Ordnung, wird der Ausbildungsantrag genehmigt und es kann mit der Ausbildung begonnen werden.

Die theoretische Ausbildung

Ein Teil der Ausbildung umfasst den Erwerb des *Sprechfunkzeugnisses*. Dies ist möglich entweder in Deutsch, was dann nur zu Fahrten innerhalb des Bundesgebietes berechtigt, oder in Englisch, dann hat man die Möglichkeit, überall auf der Welt Ballon zu fahren. Kurse zum Erwerb des Sprechfunkzeugnisses bieten meist die örtlichen Aeroclubs an. Die Prüfung wird beim Bundesamt für Post und Telekommunikation abgelegt und umfasst eine komplette Fahrt mit Start und Landung, als „Trockenübung" und somit natürlich am Boden, und eine theoretische Prüfung in Luftrecht.
Den weitaus größten Teil der theoretischen Ausbildung nimmt jedoch die spezielle Schulung für den *Ballonpiloten-Schein* ein. Sie umfasst 60 Stunden. Diese teilen sich auf in folgende Fächer:

a) *Luftrecht*: Hier werden insbesondere die gesetzlichen Grundlagen und die Luftraumstruktur Deutschlands behandelt (siehe auch Kapitel 10).
b) *Meteorologie* mit den Grundlagen des Wettergeschehens und einigen besonders zu beachtenden Wettererscheinungen wie Föhn und Gewitter (siehe auch Kapitel 4).
c) *Navigation* und ihre Grundlagen, wie: Beobachtung markanter Landschaftspunkte, das Suchen von sogenannten Auffanglinien (Autobahnen, Flussläufe etc.), mit deren Hilfe man seine Position bestimmen kann. Hierbei wird auch in die modernen Hilfsmittel eingewiesen, wie zum Beispiel das bereits in Kapitel 5 erwähnte GPS.
d) *Technik des Heißluftballons* (siehe Kapitel 2)
e) *Verhalten in besonderen Fällen*, das insbesondere das richtige Verhalten in Notsituationen umfasst (siehe Kapitel 8).

Die praktische Ausbildung

Natürlich steht auch eine intensive praktische Ausbildung auf dem Programm. Als Mindestausbildungszeit sind *20 Stunden Ballonfahren* vorgeschrieben. Fünf Stunden davon müssen bei einer Temperatur von über 20° C absolviert werden und fünf Stunden unter 0° C, da der Ballon, wie bereits in den Kapiteln 3 und 4 beschrieben, in diesen Temperaturbereichen besonders empfindlich reagiert. Insgesamt muss der Schüler während der Ausbildung *50 Starts und Landungen* absolvieren. Beide Phasen sind besonders schwierig und gefährlich, da sich in Bodennähe leicht kritische Situationen ergeben können (plötzlich auftauchende Hindernisse, Windböen).
Ebenso werden während der Ausbildungsfahrten *Notsituationen*

simuliert. So lernt der Schüler, was z. B. beim Erlöschen der Pilotflamme zu tun ist oder was getan werden kann, wenn sich das Fahrventil am Brenner nicht mehr schließen lässt. Zu diesem Teil der Ausbildung gehört auch, dass der Schüler lernt, *seine Fahrt vorzubereiten*. Er muss für jede seiner Ausbildungsfahrten *Wetterinformationen einholen* und diese richtig auswerten und seine *Fahrt auf die herrschende Luftraumstruktur abstimmen*.

Hat der Schüler sowohl die theoretische als auch die praktische Ausbildung abgeschlossen, wird er von seinem Ausbildungsleiter beim Luftamt zur Prüfung angemeldet. Die Prüfung umfasst Theorie und Praxis. In allen fünf Ausbildungsfächern ist eine schriftliche Prüfung abzulegen. Die gestellten Fragen müssen in jedem Fach zu mindestens 85 % richtig beantwortet werden. Schafft dies der Prüfling nicht, hat er die Möglichkeit, in dem betreffenden Fach eine mündliche Prüfung abzulegen und doch noch zu bestehen. Ansonsten muss er bei der nächsten schriftlichen Prüfung dieses Fach noch einmal mitschreiben. Mit einem vom Luftamt zugeteilten Prüfer ist dann eine Prüfungsfahrt zu absolvieren. Hier bewertet der Prüfer nicht nur die Durchführung der Fahrt, sondern auch die Fahrtvorbereitung (Einholen von Wetterinformationen, Erstellen einer aktuellen Traglastberechnung) und das Auf- und Abrüsten des Ballons. Während der Fahrt selbst sind das fahrerische Können, Navigation und Erledigung des Funkkontaktes mit allen erforderlichen Stellen gefragt.

Die Umschulung auf den Gasballon

Hat der Pilot einmal seine Lizenz erworben, kann er sich auch relativ einfach vom Heißluft- auf den Gasballon (oder umgekehrt) umschulen lassen.
Ein Pilot, der seine Ausbildung und Prüfung im Heißluftballon erfolgreich absolviert hat, muss in diesem Fall 12 Stunden, verteilt auf sechs Fahrten von durchschnittlich zwei Stunden Dauer, mit einem Ausbilder im Gasballon fahren, dann kann er seine Lizenz auf Gasballone erweitern lassen. Umgekehrt muss für eine Erweiterung der Lizenz auf Heißluftballone der Gaspilot mit dem Heißluftballon sechs Stunden Ausbildungsfahrten mit einem Lehrer nachweisen; innerhalb dieser hat er 20 Starts und Landungen zu absolvieren.
Ebenso ist auch die Umschulung von und auf ein anderes Luftfahrtgerät möglich. Dann muss der Pilot jedoch neben seiner praktischen Ausbildung auch noch das an Theorie dazu lernen, was für das neue Luftfahrtgerät zu wissen vorgeschrieben ist und in seiner vorherigen Ausbildung nicht enthalten war.

Das Umschreiben einer deutschen Lizenz in einen ausländischen Pilotenschein

Auch das Umschreiben einer deutschen Lizenz in einen ausländischen Pilotenschein ist möglich. Dieser behält aber immer nur im Zusammenhang mit der deutschen Pilotenlizenz seine Gültigkeit.
Die Anforderung für ein solches Umschreiben sind unterschiedlich. In einigen Ländern (z. B. in den USA) reicht es aus, entsprechende Sprachkenntnisse nachzuweisen. In anderen Ländern, etwa Großbritannien, wird eine schriftliche Prüfung zum Luftrecht verlangt.
Für das Umschreiben einer ausländischen Lizenz in einen deutschen Pilotenschein sind je nachdem, welches Land den Schein ausgestellt hat, unterschiedliche Anforderungen zu erbringen. Zuständig hierfür ist das Luftfahrtbundesamt.
Die Möglichkeit, seinen Schein umschreiben zu lassen, ist aus folgendem Grund wichtig: Mit einer deutschen Lizenz darf der Pilot laut deutschem Luftrecht einen in Deutschland zugelassenen Ballon überall auf der Welt fahren und einen ausländischen Ballon innerhalb Deutschlands. Will sich der Pilot jedoch im Ausland einen dort zugelassenen Ballon leihen, braucht er die dortige Lizenz. Durch das Umschreiben wird dies sehr erleichtert.
Dank dem Einigungsprozess innnerhalb der EU sind hierbei in Europa künftig aber weitere Erleichterungen zu erwarten.

Die Gültigkeitsdauer der Lizenz

Der Pilotenschein wird in Deutschland grundsätzlich nur für die Dauer von *zwei Jahren* ausgestellt. Dann muss seine Verlängerung beantragt werden. Erforderlich hierfür sind ein neues fliegerärztliches Tauglichkeitszeugnis und der Nachweis von mindestens zwei Fahrten während des letzten Jahres. Zusammen mit den Tauglichkeitszeugnis ist ein entsprechender Antrag, unterschrieben von einem Ballonlehrer oder Beauftragten für Luftfahrt, beim Luftamt einzureichen. Sind alle Voraussetzungen erfüllt, wird der Schein zwei Jahre verlängert.
Lässt der Pilot seinen Schein nicht verlängern, dann ruht die Lizenz. Um die Pilotenlizenz wieder aufleben zu lassen, muss er mit einem Ballonlehrer eine sogenannte *Checkfahrt* (Überprüfungsfahrt) absolvieren. Diese gestaltet sich ähnlich wie eine Prüfungsfahrt. Von der Fahrtvorbereitung, über das Fahren, das Auf- und Abrüsten bis hin zur Startplatzwahl wird alles begutachtet. Über diese Fahrt fertigt der Lehrer einen Bericht und gibt seine Empfehlung ab, ob der

Pilot seine Lizenz wieder erhalten sollte oder nicht. Ist alles positiv verlaufen, erneuert das Luftamt die Lizenz.

Die „Allgemeinerlaubnis"

Als junger Pilot mit entsprechend wenig Erfahrung ist man für seine Starts auf Plätze angewiesen, die extra für Ballonstarts ausgewiesen sind. Um überall, natürlich immer nur mit Einverständnis des Grundstückseigentümers, starten zu können, braucht der Pilot eine sogenannte *Allgemeinerlaubnis*. Voraussetzung hierfür ist, dass der Pilot seinen Schein bereits zwei Jahre besitzt, mindestens 50 Fahrten gemacht hat und von zehn verschiedenen zugelassenen Startplätzen aus gestartet ist. Erfüllt er diese Voraussetzungen, kann er beim Luftamt die Allgemeinerlaubnis beantragen. Diese wird dann meist für vier Jahre erteilt und muss vor Ablauf ihrer Gültigkeit verlängert werden, sonst ist auch der erfahrenste Pilot wieder auf zugelassene Startplätze angewiesen.

10. Luftrecht und Versicherung

Wie immer im Leben ist es auch für den Piloten wichtig, über die gesetzlichen Bestimmungen Bescheid zu wissen, die in seinem Fall das Ballonfahren und die Luftfahrt im Allgemeinen betreffen.

Die Vorschriften

Die wichtigste Grundlage des deutschen Luftrechts ist das *Luftverkehrsgesetz* (LuftVG), das grundlegende gesetzliche Vorschriften für das Gebiet des gesamten Luftrechts und die Durchführung der Luftverkehrsverwaltung enthält. Es gliedert sich in die drei Hauptabschnitte Luftverkehr, Haftpflicht und Straf- und Bußgeldvorschriften. Außerdem bildet es die rechtliche Grundlage für die nachfolgenden wichtigen Rechtsverordnungen:

a) Die *Luftverkehrs-Ordnung* (LuftVO) enthält alle bei der Teilnahme am Luftverkehr zu beachtenden Verkehrsvorschriften, insbesondere die für den Ballonfahrer wichtigen Regeln für den Sichtflug. Denn der Ballon darf ausschließlich unter Sichtflug-Bedingungen gefahren werden.
b) Die *Luftverkehrs-Zulassungs-Ordnung* (LuftVZO) enthält genaue Vorschriften über die Erteilung von luftrechtlichen Zulassungen, Erlaubnissen und Genehmigungen. Ebenso werden Versicherungsfragen detailliert behandelt.
c) Die *Betriebsordnung für Luftfahrtgerät* (LuftBO) enthält technische Betriebsvorschriften für das nach LuftVZO zum Verkehr zugelassene Luftfahrtgerät, Ausrüstungsvorschriften für Luftfahrzeuge und Flugbetriebsvorschriften, die sich meist direkt an den Halter eines Luftfahrzeugs und an die Piloten wenden.
d) Die Verordnung über Luftfahrtpersonal (LuftPersV) beinhaltet Vorschriften über die einzelnen Erlaubnisse und Berechtigungen für das Luftfahrtpersonal.

e) Hierher gehört schließlich noch die *Prüfordnung für Luftfahrtgerät* (LuftGerPO), die festlegt, welche Prüfungen zur Feststellung der Verkehrssicherheit (Lufttüchtigkeit) des Luftfahrtgeräts durchgeführt werden müssen.

Der Luftraum

Für die Praxis einer Ballonfahrt enthält also die *Luftverkehrs-Ordnung* mit den Sichtflugregeln und der Luftraumstuktur die wichtigsten Bestimmungen.
Grundsätzlich gliedert sich der Luftraum in kontrollierten und unkontrollierten Luftraum, in Sperrgebiete und Flugbeschränkungsgebiete (siehe Skizze). In die Sperrgebiete darf auf keinen Fall eingeflogen bzw. mit dem Ballon eingefahren werden, die Flugbeschränkungsgebiete dürfen unter bestimmten Vorraussetzungen genutzt werden. Genauen Aufschluss über die Luftraumstruktur bietet die für das betreffende Gebiet jeweils einschlägige *ICAO-Karte* (Flugsicherungskarte). Jeder Pilot ist verpflichtet, sich vor dem Start mit dieser Karte über die zu beachtende Luftraumstruktur zu informieren.
Abhängig davon, in welchem Teil des Luftraums sich der Ballon bewegen soll, gelten unterschiedliche *Sichtflugregeln*:

- Im kontrollierten Luftraum muss eine Flugsicht von 8 km Weite bestehen.
- Der Abstand von den Wolken muss vertikal 1000 ft (ft = Fuß, 1 ft = 33 cm) und horizontal 1,5 km betragen.
- Für die Kontrollzone gilt zusätzlich eine Bodensicht von 5 km und die Höhe der Hauptwolkenuntergrenze muss bei 1500 ft liegen.
- Im unkontrollierten Luftraum muss die Flugsicht 1,5 km betragen. Für den Ballon und den Helikopter gibt es hier jedoch eine Ausnahme. Beide dürfen im unkontrollierten Luftraum bereits bei einer Flugsicht von 800 m gefahren bzw. geflogen werden.

Die Vorfahrtsregeln

Da der Ballon in der Luft ja nicht von sich aus ausweichen kann, wenn er den Weg eines anderen Luftfahrzeugs kreuzt, muss geregelt sein, wer Vorfahrt hat. Grundsätzlich gilt, dass die manövrierfähigeren Luftfahrzeuge den weniger manövrierfähigen auszuweichen haben. Dies bedeutet für den Ballon, dass er grundsätzlich vor allen anderen Luftfahrzeugen Vorfahrt hat.
Für Ballone untereinander gilt, dass der höher fahrende Ballon auf

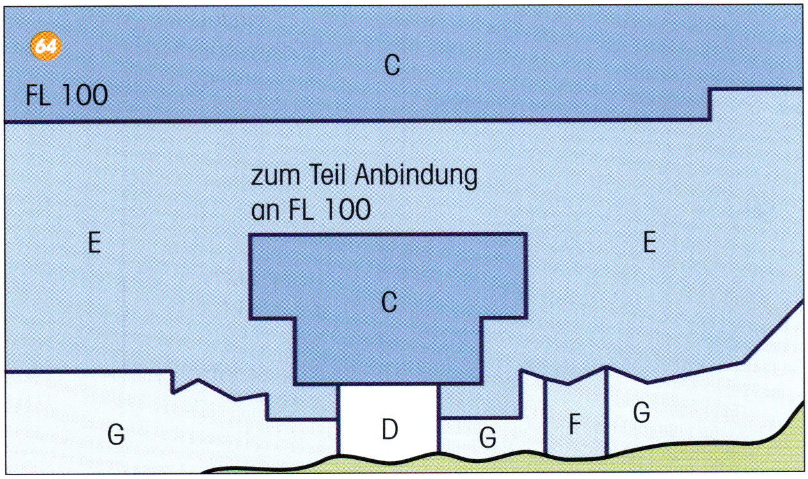

Aufbau einer Luftraumstruktur und die Voraussetzungen, die in den einzelnen Zonen erfüllt sein müssen:

ZONE C

Kontrollfreigabe: erforderlich

VMC Minima
Flugsicht:
8 km in/oberhalb FL 100
5 km unterhalb FL 100
Abstand von Wolken:
vertikal 1000 Fuß
horizontal 1,5 km

Umfang der Dienste:
1. Flugverkehrskontrolle
2. Verkehrsinformation VFR zu VFR (Ausweichempfehlung auf Anfrage)

Staffelung: VFR von IFR

ZONE D

Kontrollfreigabe: erforderlich

VMC Minima
Flugsicht:
5 km
Abstand von Wolken:
frei von Wolken
Bodensicht:
5 km
Hauptwolkenuntergrenze:
1500 Fuß

Umfang der Dienste:
Verkehrsinformation (Ausweichempfehlung auf Anfrage VFR zu IFR)

Staffelung: entfällt

ZONE E

Kontrollfreigabe: nicht erforderlich

VMC Minima
Flugsicht:
8 km
Abstand von Wolken:
vertikal 1000 Fuß
horizontal 1,5 km

Umfang der Dienste:
Verkehrsinformation soweit möglich

Staffelung: entfällt

ZONE F

Kontrollfreigabe: nicht erforderlich

VMC Minima
Flugsicht:
8 km in/oberhalb FL 100
5 km unterhalb FL 100
Abstand von Wolken:
vertikal 1000 Fuß
horizontal 1,5 km

Umfang der Dienste:
Fluginformationsdienst

Staffelung: entfällt

ZONE G

Kontrollfreigabe: nicht erforderlich

VMC Minima
Flugsicht:
1,5 km
800 m für Drehflügler, Luftschiffe und Freiballone (rechtzeitiges Erkennen von Hindernissen muss möglich sein)
dauernde Erdsicht
Abstand von Wolken:
Wolken dürfen nicht berührt werden

Umfang der Dienste:
Fluginformationsdienste

Staffelung: entfällt

steigende Ballone achten und im Notfall ausweichen muss, da er uneingeschränkte Sicht auf die unter ihm befindlichen Ballone hat.

Versicherungen

Gesetzlich ist der Ballonhalter oder der Pilot verpflichtet, verschiedene Versicherungen abzuschließen.
Hierzu gehört nach § 37 LuftVG die *Halter-Haftpflicht-Versicherung*. Der Halter eines Ballons ist danach verpflichtet, den Schaden zu ersetzen, den er Dritten – Personen oder Sachen – zufügt, die nicht im Ballon befördert werden, also sogenannte Drittschäden. Die gesetzlich vorgeschriebene Mindest-Deckungssumme beträgt DM 850.000,–. Da im Ausland oft höhere Summen verlangt werden und da man auch bedenken muss, dass bei Eintritt eines schweren Schadens neben dem Halter auch der Pilot haftbar gemacht werden kann, empfiehlt sich, den Vertrag auf eine höhere Deckungssumme abzuschließen.
Weiter ist nach § 44 ff. LuftVG eine *Passagier-Haftpflicht-Versicherung* abzuschließen. Der Pilot haftet nämlich im Fall der Tötung oder Verletzung einer beförderten Person bis zu einem Betrag von DM 320.000,– und für Gegenstände, die der Passagier mit sich führt, mit einem Höchstbetrag von DM 3200,–. Diese Gesetzesbestimmungen gelten außer für Berufspiloten auch für den Sport- und Privatpiloten.
Beide Versicherungen werden heute durch die *CSL-Versicherung* abgedeckt. Die niedrigste Versicherungssumme beträgt 5 Millionen DM, kann aber bis auf 20 Millionen DM erhöht werden. Diese Deckungssummen gelten je nach Schadensfall pauschal für Personen- und/oder Sachschäden.
Eine weitere Möglichkeit, das Flugunfallrisiko abzusichern, ist die *Insassen-Unfall-Versicherung*. Sie hat nichts mit der gesetzlichen Passagier-Haftpflicht zu tun. Hier können entweder die Gastplätze einzeln oder alle Plätze gemeinsam mit einer frei zu wählenden Summe versichert werden. Die Versicherung wird für den Todesfall, den Invaliditätsfall und Tagegeld sowie Heilkosten gewährt. Bei der Ausbildung zum Piloten greift allein diese Versicherung. Sie zahlt im Versicherungsfall sowohl für Passagiere als auch Crewmitglieder. Der Pilotenschüler zählt versicherungsrechtlich als Crew.
Möglich, aber nicht vorgeschrieben, sind weiterhin eine *Kaskoversicherung des Ballons*, eine *Hänger-Versicherung* und eine *Verfolger-Versicherung*. Diesbezüglich muss jeder Pilot bzw. Halter für sich selbst entscheiden, ob er diese Versicherungen für sich für notwendig hält oder nicht.

11.

Fachwörter

Auftrieb ist definiert als die Masse der vom Ballon verdrängten Luft.

Coriolis-Kraft entsteht durch die Rotation der Erde und lenkt die Windrichtung auf der Nord-Halbkugel nach rechts, auf der Süd-Halbkugel nach links ab. Je näher zu den Polen sie auftritt, desto kleiner ist ihre Wirkung.

Beim **Cross-Flow** werden mittels eines Hebels zwei Brennersysteme zusammengeschaltet und können so mit einem Fahrventil gleichzeitig betrieben werden.

False-Lift oder Falscher Auftrieb: Eine sich schneller bewegende Luftschicht streicht über das Top und täuscht so eine Steigrate vor, die nicht durch die Wärme der Hüllenluft bedingt ist (Tragflügeleffekt).

Auf den **Flüsterbrenner** oder die **Flüstereinheit** kann mittels eines Hebels am Brenner umgeschaltet werden. Die Menge des ausströmenden Gases und damit auch die durch den Brenner normal verursachten Geräusche sind vermindert.

Gasmasse ist definiert als die Masse des von der Hülle umschlossenen Traggases.

GPS (Global Positioning System) ist ein Satelliten-Navigationssystem. Es empfängt von verschiedenen Satelliten im All, deren Position es kennt, Signale und errechnet daraus seine momentane Position.

Gradientkraft ist das Gefälle zwischen hohem und tiefem Druck und beeinflusst die Windgeschwindigkeit.

Isobaren sind Linien gleichen Luftdrucks und dienen der Darstellung der Gradientkraft auf der Wetterkarte.

Bei einer **Inversion** wird die normale Temperaturverteilung (mit zunehmender Höhe immer kälter) umgekehrt. Über besonders kalte bodennahe Luftschichten lagert sich wärmere Luft ab.

Die **ICAO-Karte** ist die international gültige Flugsicherungskarte, die die Darstellung der Luftraumstruktur enthält.

Das **Lastband** ist Teil der Hülle und bildet die Verbindung zwischen den einzelnen Stoffbahnen. Es gibt vertikale und horizontale Lastbänder. Sie entlasten den Hüllenstoff von den auf ihn einwirkenden Zugkräften.

Lee ist die windabgewandte Seite.

Luv ist die dem Wind zugewandte Seite.

Nomex ist ein Spezialstoff, der aufgrund seiner Imprägnierung schwer entflammbar ist.

Observer heißt der Schiedsrichter bei Ballonwettbewerben.

Der **Parachute** ist ein Entleerungssystem für Heißluftballone. Ein kreisförmiger Ausschnitt im Top der Hülle wird durch eine Art Fallschirm verschlossen, der mittels Zentrierleinen und dem Innendruck der Hülle am Platz gehalten wird und luftdicht abschließt. Durch die Parachute-Leine kann er geöffnet werden.

Quick-Release: Ein Sicherungssystem, das den Ballon bei starkem Wind am Boden halten hilft.

QNH ist die Angabe des herrschenden Luftdrucks, bezogen auf die Höhe des Meeresspiegels. Stellt man am Boden den Höhenmesser auf diesen Wert ein, wird die Höhe über dem Meeresspiegel angezeigt.

Die **Reißbahn** ist ein Entleerungssystem bei älteren Heißluft- oder Gasballonen, das nur zum Entleeren bei der Landung genutzt wird, da es nicht wieder geschlossen werden kann.

Das **Startgewicht** setzt sich zusammen aus dem Aufrüstgewicht des Ballons inklusive aller Instrumente, dem Gewicht der Gasflaschen und der Mitfahrer.

Steigkraft ist die Tragkraft abzüglich des Startgewichts.

Spezial-Shapes sind Sonderformen von Ballonhüllen (z. B. Drache, Hexe etc.)

Thermik: Über bestimmten Böden (z. B. Sandflächen) erwärmt sich die Luft besonders stark und löst sich plötzlich in Warmluftblasen vom Untergrund ab. Während diese Blasen nach oben steigen, strömt kältere Luft von der Seite nach und bewirkt ein Absinken der Luft aus der Höhe. Kennzeichen der Thermik sind plötzlich auftretende starke Auf- und Abwinde.

Top ist der am höchsten gelegene Punkt der Hülle. Hier laufen die Lastbänder in einem Stahlring zusammen, an dem auch die **Top-Leine** zum Halten des Ballons befestigt ist.

Tragseile, aus Nirostastahl oder Kevlar, verbinden Hülle und Korb und bilden die Fortsetzung der vertikalen Lastbänder.

Tragfähigkeit/Tragkraft ist definiert als Auftrieb abzüglich der Gasmasse oder das Gewicht der verdrängten Luft abzüglich des Gewichts des Füllgases.

Trägheit ist der Widerstand eines Körpers gegen eine Änderung seiner momentanen Bewegung.

Tropopause bildet in einer Höhe von 12 km eine Grenzschicht in der Atmosphäre. Unterhalb dieser Schicht spielt sich das gesamte Wettergeschehen unseres Planeten ab.

Das **Variometer** misst das Steigen und Fallen des Ballons.

12.

Literaturverzeichnis

- Straub, Heinz. „Fliegen mit Feuer und Gas". AT Verlag Aarau, Stuttgart 1984
- „Handbuch für Freiballonführer". Hrsg. Deutscher Freiballonsport-Verband (DFSV), 1991
- Kühr, Wolfgang. „Der Privatflugzeugführer. Band 2: Grundlagen der Flugwetterkunde". Friedrich Schiffmann (Hrsg.), 1991
- Kreipl, Mannfred W. „Meteo im Unterricht"
- Kühr, Wolfgang. „Der Privatflugzeugführer. Band 5: Luftrecht, Luftverkehrsrecht und Flugsicherungsvorschriften". Friedrich Schiffmann (Hrsg.)
- „Flughandbuch" der Firma Cameron
- „Flughandbuch" der Firma Thunder & Colt
- „Flieger-Taschenkalender. Ausgabe: Bundesrepublik Deutschland". Herausgeber Luftfahrtverlag Friedrich Schiffmann GmbH, Hoffnungsthaler Straße 27, 51503 Rösrath (Forsbach), Tel.: 02205/4049, Fax: 02205/86016

13. Wichtige Adressen

Verbände

Deutscher Freiballonsport-Verband (DFSV)
Bahnhofstr. 38
82152 Planegg
Tel.: 089/89949192

Deutscher Aero Club e.V.
Bundesgeschäftsstelle
Herrmann-Blenk-Str. 28
38108 Braunschweig
Tel.: 0531/235400
Fax: 0531/2354011

Luftsport-Verband Bayern e.V.
Prinzregentenstraße 120
81677 München
Tel.: 089/45503210
Fax: 089/45503211

Baden-Württembergischer Luftfahrtverband
Herdweg 77
70193 Stuttgart
Tel.: 0711/227620
Fax: 0711/2276244

Luftfahrtverband Berlin e.V.
Saßnitzer Str. 4a
14199 Berlin
Tel. + Fax: 030/8233360

Luftsport-Landesverband Brandenburg e.V.
c/o Flugplatz Schönhagen
14959 Schönhagen/Trebbin
Tel.: 033731/17043
Fax: 033731/17077

DAeC-Landesverband Bremen e.V.
Heinrich-Focke-Str. 5
28199 Bremen
Tel.: 0421/5365318
Fax: 0421/5365314

Luftsportverband Hamburg e.V.
Rahewinkel 20
22115 Hamburg
Tel.: 040/71678893
Fax: 040/71678897

Hessischer Luftsportbund e.V.
Landwehrstr. 1
64293 Darmstadt
Tel.: 06151/21001
Fax: 06151/294668

DAeC-Landesverband Mecklenburg-Vorpommern e.V.
Flugplatz Purkshof
18182 Mönchhagen
Tel. + Fax: 038202/2112

DAeC-Landesverband Niedersachsen e. V.
Märkischer Weg 48
30179 Hannover
Tel.: 0511/601004
Fax: 0511/6044929

DAeC-Landesverband Norddhein-Westfalen e. V.
Friedrich-Alfred-Str. 25
47055 Duisburg
Tel.: 0203/7784412
Fax: 0203/784444

Luftsportverband Rheinland-Pfalz e.V.
Am Flugplatz Domberg
55566 Sobernheim
Tel.: 06751/2308
Fax: 06751/4435

Aero Club Saar e.V.
Am Segelflugplatz 1
66646 Marpingen
Tel.: 06853/4774
Fax: 06853/4390

Luftsportverband Sachsen e.V.
Dohnaer Str. 152
01239 Dresden
Tel.: 0351/2754021
Fax: 0351/2754008

Luftsportverband Sachsen-Anhalt e.V.
Ottersleber Chaussee, Flugplatz
39120 Magdeburg
Tel.: 0391/6227758
Fax: 0391/6246238

Luftsportverband Schleswig-Holstein e.V.
Rudolf-Diesel-Str. 1a
24790 Schacht-Audorf
Tel.: 04331/92611
Fax: 04331/92612

Luftsportverband Thüringen e.V.
Schützenstr. 4
99096 Erfurt
Tel.: 0361/3746232
Fax: 0361/3746231

Luftfahrtbundesamt
Herrmann-Blenk-Str. 26
38108 Braunschweig
Tel.: 0531/23550

Österreichischer Aero-Club
„Haus des Sports"
Prinz-Eugen-Straße 12
1040 Wien
Tel.: 5051028
Fax: 5057923

Aero-Club der Schweiz (AeCS)
Lidostr. 5
6006 Luzern
Tel.: 041/3702121
Fax: 041/3702170

Für **Internet-Nutzer** hier die Adresse des Deutschen Aero Club e. V.: *http://www.daec.de*. Darüber läßt sich die Homepage jedes Landesverbandes aufrufen.